"十四五"职业教育山西省规划教材

学前教育专业（新标准）系列教材

幼儿园
数学教育活动设计与指导
（第2版）

YOU'ERYUAN SHUXUE JIAOYU
HUODONGSHEJI YU ZHIDAO

主　编 ◉ 姚　敏

副主编 ◉ 张晓琳　田兴华
　　　　　蔺　艺　张珊珊

参　编 ◉ 朱海霞　周亚敏
　　　　　常　鑫　郭昳璇
　　　　　赵　隽

北京师范大学出版集团
BEIJING NORMAL UNIVERSITY PUBLISHING GROUP
北京师范大学出版社

图书在版编目(CIP)数据

幼儿园数学教育活动设计与指导/姚敏主编. —2版.—北京:
北京师范大学出版社,2025.1
学前教育专业(新标准)系列教材
ISBN 978-7-303-29778-8

Ⅰ.①幼… Ⅱ.①姚… Ⅲ.①学前教育－数学课－教学活
动－教学设计－幼儿师范学校－教材 Ⅳ.①G613.4

中国国家版本馆 CIP 数据核字(2024)第 024695 号

出版发行:北京师范大学出版社 https://www.bnupg.com
　　　　　北京市西城区新街口外大街 12-3 号
　　　　　邮政编码:100088
印　　刷:北京溢漾印刷有限公司
经　　销:全国新华书店
开　　本:889 mm×1194 mm　1/16
印　　张:11.5
字　　数:281 千字
版　　次:2025 年 1 月第 2 版
印　　次:2025 年 1 月第 1 次印刷
定　　价:35.00 元

策划编辑:姚贵平　王　超　　　责任编辑:王　佳
美术编辑:焦　丽　　　　　　　装帧设计:焦　丽
责任校对:段立超　　　　　　　责任印制:赵　龙

党的二十大报告指出"办好人民满意的教育"，"人民满意的教育"包括学前教育。《3—6岁儿童学习与发展指南》指出"以为幼儿后继学习和终身发展奠定良好素质基础为目标，以促进幼儿体、智、德、美各方面的协调发展为核心""建立对幼儿发展的合理期望，实施科学的保育和教育，让幼儿度过快乐而有意义的童年"。

党的十八大以来，国家连续实施三期学前教育行动计划，推动学前教育取得快速发展，有效缓解了"入园难、入园贵"问题。2021年全国学前三年毛入园率达88.1%，学前教育实现基本普及。学前教育教师素质明显提高，2021年全国专科以上学历的园长及专任教师占比达到87.8%❶。为了更好地贯彻落实《关于全面深化课程改革落实立德树人根本任务的意见》《"十四五"学前教育发展提升行动计划》等文件的精神，进一步推进学前教育普及、普惠、安全、优质发展，全面提高幼儿园保教质量，基本形成幼儿园与小学科学衔接机制，在当前教育改革背景下，幼儿师范教育应将提升我国学前教师教育的质量和教师队伍的素质作为自身义不容辞的历史使命和责任。根据《幼儿园教师专业标准（试行）》和《学前教育专业师范生教师职业能力标准（试行）》等文件对学前教育专业师范生能力素养的要求，我们编写了幼儿园五大领域活动设计与指导系列教材，供学前教育专业师生学习与参考。

数学，作为一门研究数量、结构、变化及空间等概念的学科，不仅是日常生活中不可或缺的一部分，也是幼儿认知发展的重要基石。幼儿园数学教育是幼儿园课程的重要组成部分，能够帮助幼儿建立初步的数学概念，提高其解决数学问题的能力，培养其良好的学习习惯和学习品质，为其未来的学习生涯奠定坚实的基础。本教材在修订过程中，在习近平新时代中国特色社会主义思想的引领下，贯彻习近平总书记在全国教育大会上的重要讲话精神，落实立德树人的根本教育任务，把握新时代中国教育新使命，着眼于幼儿的发展和教师的专业成长，致力于培养"四有"好老师。本教材力求突出理论性、应用性、示范性、科学性、前沿性、创新性等特点，体现一定的学术价值和较强的实用价值。同时，为了顺应信息时代的发展特点，满足学习者的多样化、个性化需求，本教材在修订时增加了数字资源。本教材包括五个模块的内容，力求用通俗的语言，简明的表述，有代表性的案例阐明幼儿园数学教育的意义、目标、内容、方法及各类幼儿园数学教育活动的设计与指导方

❶ 中华人民共和国教育部.全国学前三年毛入园率达88.1%　学前教育实现基本普及[EB/OL].（2022-04-28）[2023-12-15].http://www.moe.gov.cn/fbh/live/2022/54405/mtbd/202204/t20220428_622965.html.

法，以帮助教师及学生更好地领会幼儿园数学教育活动的要旨，提高教育教学的有效性。

　　本教材由太原幼儿师范高等专科学校副教授姚敏担任主编，负责全书的框架拟订、体例设计和统稿。各部分具体编写分工如下：模块一由蔺艺撰写，录制微课；模块二由张晓琳撰写，录制微课；模块三由张珊珊撰写，录制微课；模块四由姚敏撰写，张晓琳录制微课；模块五由田兴华撰写，录制微课。此外，本教材引用了太原市育英幼儿园郭眏璇老师的大班活动案例"认识地图"及赵隽老师的大班活动案例"魔法师的神奇罐"。

　　本教材在编写过程中参考了国内外专家、学者关于幼儿数学教育、幼儿心理发展等方面的研究成果，虽然在注释中列出了部分资料的名称和作者，但难免挂一漏万，在此，对本教材所引用、参考过的文献资料的作者表示衷心的感谢。本教材的成型与出版得到了太原幼儿师范高等专科学校各级领导的高度重视，也得到了北京师范大学出版社的大力支持，在此一并表示诚挚的感谢。

　　鉴于幼儿园数学教育具有非常严谨的学科逻辑和较强的实践性，加之我们的研究相对薄弱，不足之处在所难免，敬请读者批评指正，以便我们不断地修改完善。

编　者

学习导言

抓住"根"和"魂",就是要抓住事物的本质和核心、问题的实质和关键,是马克思主义认识论和方法论的根本要求。运用好这一科学方法,有利于厘清主次,抓住主流,抓住重点,抓住中心,抓住关键。学习幼儿园数学教育的基础理论对于后续的应用有着至关重要的作用。

3岁的佳佳嘴里顺口就能说出"1、2、3、4、5、6、7、8、9、10",就像在说顺口溜,可是,真正拿一些物体让她数,她总是数不对,要么多一个,要么少一个,要么不知道总数是多少。为什么会出现这种情况呢?我们要对幼儿的数学经验进行干预吗?怎么干预才能既尊重幼儿主体又促进其发展呢?通过学习本单元,你将找到以上问题的答案。

学习目标

1. 落实立德树人根本任务,塑造两代师表光辉形象。
2. 了解数学的基本概念,熟悉幼儿学习数学的本质。
3. 熟知幼儿园数学教育的目标与内容,初步尝试设计幼儿园数学教育活动目标。
4. 熟悉幼儿园数学教育的途径与方法,为设计数学教学活动做好准备。

学习任务单

表 1-1　幼儿园数学教育的基础理论学习任务单

姓名		班级		学习时间	
序号	任务描述				
1	通过阅读教材以及资料查询了解数学的起源,并知道典型事件。				
2	复习幼儿心理学关于幼儿思维发展及其特点的相关章节,做到能熟练说出幼儿思维发展的特点。				
3	查阅《幼儿园教育指导纲要(试行)》与《3—6岁儿童学习与发展指南》中关于幼儿园数学教育目标的表述,尝试分析幼儿园数学教育最重视的是哪一部分。				
4	利用见习观摩至少5次幼儿园数学教学活动,尝试总结并记录教师在活动中都使用了哪些教学方法,不知道确切名称的可以用自己的话描述出来。				

学习建议	阅读教材并通过网络查询相关内容，查询时注意不同角度的解释。	
任务完成 （可粘贴）		
学习效果简评	评价人	□自己。 □同伴。 □教师。
	评价内容	□能从不同角度查阅资料进行预习，并有自己的理解。 □能从不同角度查阅资料进行预习，但没有加工。 □能从书本中查阅相关内容。 □仅凭个人理解。 □没有预习。

单元一 幼儿园数学教育概述

任务一　数学知识的本质与特点

● 任务导览 ●

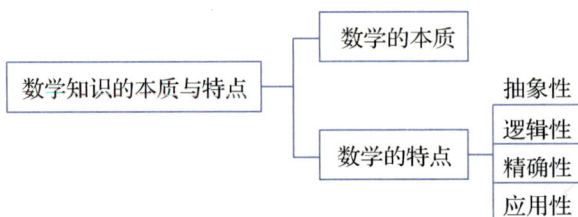

图 1-1-1　数学知识的本质与特点思维导图

● 任务探寻 ●

搜集古埃及、古巴比伦、中国（以甲骨文为例）、古印度 1—10 的数字表现形式，写下你的发现。

表 1-1-1　古代的数字表现形式

古代国家	1—10 数字表现形式	你的发现
古埃及		
古巴比伦		
中国		
古印度		

● 知识任务 ●

▶▶ 一、数学的本质 >>>>>>>

　　数学是研究现实世界的空间形式和数量关系的一门科学。这种"空间形式"和"数量关系"既是从具体现实世界中抽取出来的，又是区别于具体事物的"模式"。这种模式是由现实世界的事物或现象，经过人的大脑抽象思维，人为创造出的抽象模式，是"人类悟性的自由创造物"。

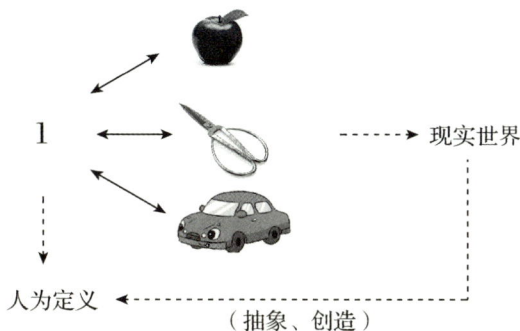

图 1-1-2　数学的本质示意图

　　可以说，数和数学是人类的伟大发明。它的诞生，也标志着人类的逻辑智慧和抽象能力达到了成熟的水平。对幼儿来说，他们学习数学、掌握数学同样也是一个发明和创造的过程。幼儿数学概念的发生、发展过程实际上是人类数学概念发生、发展过程的浓缩和复演。所以，无论是从人类历史上数的起源还是幼儿个体数概念的发生、发展，我们都能从中看到：数学是人的发明，是抽象化的结果。

▶▶ 二、数学的特点 >>>>>>>

　　数学的特点如表 1-1-2 所示。

表 1-1-2　数学的特点

特点	表现	举例
抽象性	没有具体的物理对象。	数、集合、函数。
逻辑性	从概念到公理进行推理。	守恒、一一对应。
精确性	可测、可推、确定、量化。	身高、背单词的数量。
应用性	解决其他领域实际问题。	在线支付、人口普查。

● 知识拓展 ●

数字资源 1-1-1：数学的起源

● 任务迁移 ●

通过搜索"数学起源"的资料，以表格的方式呈现你收集的结果。

● 任务巩固 ●

表 1-1-3　数学知识的本质与特点要点回顾

知识与能力要点	掌握程度	学习建议
数学的本质	☆	理解
数学的特点	☆☆	理解

● 思考与练习 ●

什么是数学？收集至少 5 种观点并作评述。

任务二　幼儿的数学学习

● 任务导览 ●

幼儿的数学学习
- 幼儿学习数学的心理特征
  - 幼儿学习数学是动作探究、表象积累以及逻辑思维过程的统一体
  - 幼儿学习数学的过程是解决问题的思维活动过程
- 幼儿学习数学的特点
  - 幼儿逻辑观念的发展
  - 抽象逻辑思维能力的发展

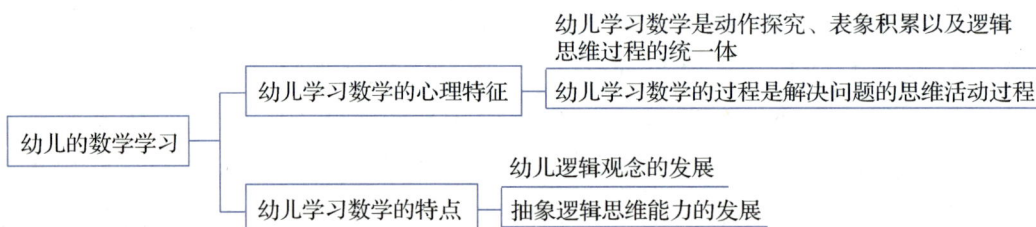

图 1-1-3　幼儿的数学学习思维导图

● 任务探寻 ●

查阅资料完成以下问题。

表 1-1-4　表象积累

问题	你的查阅	你的理解
表象积累是什么？		
表象积累与数学思维的关系		

● 知识任务 ●

数学知识的特点要求学习者具有一定认知能力，有一定的逻辑思维和抽象思维能力。那么幼儿是否具备这样的能力基础呢？他们在学习数学的过程中表现出什么样的特点？

▶▶ 一、幼儿学习数学的心理特征 ＞＞＞＞＞＞＞＞

（一）幼儿学习数学是动作探究、表象积累以及逻辑思维过程的统一体

幼儿数学学习开始于动作。幼儿的数学学习对动作的依赖性很强，年龄越小，依赖性越强，如计数活动、数的组成、加减法、分类、排序、测量等，

幼儿都是通过进行实物操作活动来感知与理解的。幼儿需要对操作材料进行摆弄、观察、比较，获得直接的感性经验。例如，判断一个数字是单数还是双数，教师可以为幼儿提供相应数量的玩具，让幼儿两两找朋友，如果每个物体都能找到朋友，就说明是双数，如果最后剩一个物体没有朋友，那么就是单数。可见，幼儿能够做到初步认识单双数，为以后理解能够被2整除的数就是双数，不能被2整除的数就是单数作准备，从而真正理解单双数的含义。

表象是由直接感知到抽象思维的中间环节。表象是指过去感知过的事物在头脑中留下的印象，数学表象是幼儿对客观世界的直接感知过渡到抽象思维的一个中间环节，作用在于促使感性经验内化为抽象的数学概念。表象的积累，使得幼儿渐渐形成一些定向的思维。如前例，幼儿在对单双数进行操作时，教师适时地出示与操作材料相匹配的数字，使幼儿建立思维定向，一旦某个数字出现就想到了与之相配合的材料，进而理解单双数的实际含义。

幼儿关于数学的丰富的具体经验使幼儿对数学概念的理解日益深入，而头脑中表象的建立，则帮助幼儿在头脑中重构事物之间的逻辑关系，从而促进幼儿抽象思维能力的发展。

由此可见，幼儿学习数学的过程是感性认识与理性认识的相互促进，形象思维与抽象思维统一的过程。

(二)幼儿学习数学的过程是解决问题的思维活动过程

古希腊哲学家亚里士多德曾经指出："思维自惊奇和疑问开始"，应该利用幼儿的好奇心和探索欲，精心设疑，让幼儿在解决问题的过程中感悟数学。实际上，幼儿学习数学的过程，是借助操作实物等材料，不断解决问题，获得感性经验、不断提升数学认识的过程。在解决问题的过程中，自始至终都是数学的思维活动过程。尽管幼儿数学教育的内容总体比较简单，但即使是最简单的初步数概念的形成也离不开抽象概括思维能力。例如，分类、数的组成、量的测量等问题的解决能够促进幼儿分析与综合能力的发展；1和许多，几何形体等问题的解决能够促进幼儿比较能力的发展；而数、相邻数、加减运算等问题的解决则促进幼儿抽象和概括能力的发展。

▶▶ **二、幼儿学习数学的特点** >>>>>>>>

根据皮亚杰的观点，幼儿思维的逻辑经历了从动作层面的逻辑观念到抽象层面的逻辑思维的发展过程。因此，可以从幼儿基本数学逻辑思维观念和抽象水平的逻辑思维两个方面来看幼儿逻辑思维发展的特点。

(一)幼儿逻辑观念的发展

1. 对应观念的形成与发展。幼儿没有学会计数之前，运用对应关系是比较两组物体数量多少的重要方法。幼儿3岁半以后，通过两组物体并放或重叠比较可以逐渐掌握一一对应的操作技巧，形成对应观念。

2.序列观念的形成与发展。幼儿理解数序必须具备序列观念，也就是说幼儿必须理解数与数之间的等差关系与顺序关系。序列观念是通过无数次实际的排序活动逐渐形成和发展起来的。

3.类包含观念的形成与发展。类包含观念是指理解整体包含部分，部分包含于整体，整体大于部分，而部分小于整体。幼儿只有具备了类包含观念，才能理解数的组成、加减法以及类与子类的关系。

实践及研究表明，幼儿对应观念、序列观念以及类包含观念的最初形成，还无法脱离对实物的操作活动，仅限于动作层次的逻辑观念，但是具体的、感性的逻辑观念却为幼儿抽象逻辑思维能力的发展奠定了坚实的感性经验基础。

（二）抽象逻辑思维能力的发展

幼儿的抽象逻辑思维能力要求幼儿必须抛弃自身外部的操作活动和具体的实物才能逐渐形成与发展，也就是说外部操作活动必须内化为头脑中的思考活动，具体的实物必须内化为头脑中的表象。这一过程既依赖于幼儿大脑的逐渐发育，也依赖于大量数学操作活动训练才能实现，大班末期才开始出现抽象逻辑思维的萌芽。

◉ 知识拓展 ◉

数字资源 1-1-2：皮亚杰的儿童数学学习研究与建构主义数学教育

◉ 任务迁移 ◉

在学习《元，角，分》时，老师就先通过图片或者实物展示出"1 元""5 元""1 角""2 角""1 分"等的纸币和硬币。通过具体的事物，丰富幼儿的表象积累。后续再引导幼儿对表象加工重组，使幼儿得到定向思维"1 元＝10 角""1 角＝10 分"。然而在现实生活中我们更多地使用虚拟支付，这种支付方式弱化了幼儿对钱币的感性认识，因此，在使用实在的钱币完成这一活动的目标时出现了与幼儿生活相脱节的问题，请把你的解决方案写下来。

任务巩固

表 1-1-5　幼儿的数学学习要点回顾

知识与能力要点	掌握程度	学习建议
幼儿学习数学的心理特征	☆☆☆☆	理解　运用
幼儿学习数学的特点	☆☆☆☆	理解　运用

思考与练习

　　1. 简述幼儿学习数学的特点。

　　2. 简述幼儿学习数学的心理特征。

任务三　幼儿园的数学教育活动

任务导览

图 1-1-4　幼儿园的数学教育活动思维导图

任务探寻

　　在生活和下园见习、实习中自由选择 3—4 岁、4—5 岁、5—6 岁幼儿数学活动进行观察，观察活动的内容、开展形式、学习方法，尝试对活动内容进行对比并归类，同时提出自己的问题，写下自己的想法。

表 1-1-6　幼儿数学活动观察表

年龄阶段	活动内容	所属数学内容	开展形式	学习方法
你的问题或想法				

● 知识任务 ●

幼儿园数学教育活动，即教师根据培养目标和幼儿身心特点开展的一系列数学教育活动，目的是让幼儿感知身边事物的数量关系，体验数学的重要和有趣。

▶▶ 一、幼儿园数学教育活动的任务

（一）培养幼儿对数学的好奇心和探索欲望

幼儿阶段是激发好奇心和探索欲望的关键期。幼儿的好奇心和探索欲望非常丰富，它是幼儿各种学习与探索活动内在的驱动力。他们的好奇心和探索欲望主要表现在喜欢提出各种各样的问题，喜欢观察、比较和动手操作等活动，而数学启蒙教育对幼儿这些能力的培养有促进作用并能引导他们去猜想、思考和操作，从而步入神秘的数学世界。

（二）发展幼儿的逻辑思维能力

幼儿园数学教育的目的不是掌握多少概念和知识，而是在学习数学的过程中培养幼儿的逻辑能力以及思维的灵活性、发散性、敏锐性和准确性。教师应根据幼儿的思维能力水平，从幼儿已有的生活经验出发，让幼儿在动手操作过程中或在解决实际问题的过程中探究和发现数学的规律，促进幼儿思维的逻辑性、抽象和推理能力等良好思维品质的形成和发展。

（三）让幼儿获得一些简单的数学初步知识和技能

掌握数学知识是幼儿认识事物和生活的需要。在幼儿阶段的数学启蒙教育中，让幼儿掌握初步数学知识和初步技能是幼儿园数学教育的重要任务之一。教师要有正确的教育教学理念，为幼儿创设可以动手操作的、具体形象的环境和材料，真正给幼儿独立探索的机会，体现寓教于乐、生动有趣、做中学、玩中学等特点。

（四）提高幼儿解决生活中实际问题的能力

数学来源于现实生活，反过来，数学又为现实生活服务。数学具有抽象性，而幼儿的思维具有具体形象性等特点，所以应该把数学学习与幼儿的生活紧密联系起来，利用幼儿经历的、熟悉的生活情景增进幼儿对数学的理解，帮助幼儿建立抽象的数学概念，增强幼儿在生活中主动应用数学的兴趣。

在幼儿园数学教学的基础上，教师和家庭要扩大幼儿感受数学的范围，将数学教育渗透到生活中去，使幼儿初步学会用数学的思维方式去观察、分析生活现象，解决生活中的问题，提高幼儿用数学解决问题的能力。

▶▶ 二、幼儿园数学教育活动的原则

幼儿数学教育的原则是指在对幼儿开展数学教育时应遵循的一些基本准则。毫无疑问，对幼儿进行数学教育，首先要考虑的就是幼儿学习数学的心理特点。以下的教育原则，就是在幼儿学习数学的心理特点基础上，结合数

学知识本身所具有的特点所提出的。

（一）密切联系生活的原则

现实生活是幼儿数学概念的源泉。幼儿的数学知识和他们的现实生活有着密切的联系。例如，他们说到自己几岁了，就要涉及数；和别的幼儿比身高，实际上就是量的比较；在搭积木时，会看到不同的形状，这就涉及形。幼儿在生活中还会遇到各种各样的问题需要运用数学来加以解决。例如，幼儿要知道家里有几个人，就需要进行计数；在拿取东西时，幼儿总希望拿"多的"，拿"大的"，这就需要判别多和少、大和小等数量关系。总之，生活中的很多问题，都可以归结为数学问题来解决，都可以变成幼儿学习数学的机会。

此外，现实生活为幼儿提供了通向抽象数学知识的桥梁。例如，有些幼儿不能理解加减运算的抽象意义，而实际上他们可能在生活中经常会用加减运算解决问题，只不过没有把这种"生活中的数学"和"学校里的数学"联系起来。如果教师不是"从概念到概念"地教幼儿，而是联系他们的实际生活，借助他们已有的生活经验，就完全能够使这些抽象的数学概念建立在幼儿熟悉的生活经验基础上。例如，让幼儿在游戏角中做商店买卖的游戏，甚至请家长带幼儿到商店去购物，给他们自己计算钱物的机会，可以使他们认识到抽象的加减运算在现实生活中的运用，同时也帮助幼儿理解这些抽象的数学概念。

数学教育要密切联系生活的原则，不仅应表现在数学教育内容应和幼儿的生活相联系，还要引导幼儿用数学，让幼儿感受到数学作为一种工具在实际生活中的应用和作用。例如，幼儿园中饲养小动物，可以引导幼儿去观察小动物的生长情况。在游戏活动中也可创设情境，让幼儿用数学。例如，在商店游戏中让幼儿学习买东西，计算商品的花费等。这些活动实际上正是一种隐含的数学学习活动。幼儿常常在不自觉之中，就积累了丰富的数学经验。而这些经验又为他们学习数学知识提供了广泛的基础。

（二）发展幼儿思维结构的原则

发展幼儿思维结构的原则，是指数学教育不应只是着眼于具体的数学知识和技能的教学，而应指向幼儿的思维结构的发展。

按照皮亚杰的理论，幼儿的思维是一个整体的结构，幼儿思维的发展就表现为思维结构的发展。思维结构具有一般性和普遍性，它是幼儿学习具体知识的前提。例如，当幼儿的思维结构中还没有形成抽象的序列观念时，他们就不可能用逻辑的方法给不同长短的木棍排序。反过来，幼儿对数学概念的学习过程，也有助于其一般的思维结构的发展。这是因为数学知识具有高度的逻辑性和抽象性，学习数学可以锻炼幼儿思维的逻辑性和抽象性。总之，幼儿建构数学概念的过程，与其思维结构的建构过程之间具有相当的一致性。

在幼儿数学教育中，幼儿掌握某些具体的数学知识只是一种表面现象，发展的实质在于幼儿的思维结构是否发生了质变。以长短排序为例，有的教师把排序的"正确"方法教给幼儿：每次找出最长的一根，排在最前面，然后再从剩下的木棍中找出最长的……幼儿按照教师教给的方法，似乎都能正确地完成排序任务，但实际上他们并没有获得序列的逻辑观念，其思维结构并没有得到发展。而幼儿真正需要的并不是教给他们排序的技能，而是充分地操作和尝试，并从中得到领悟的机会。只有这样，他们才能从中获得逻辑经验，并逐渐建立起一种关于序列的逻辑观念。而一旦具备了必要的逻辑观念，幼儿掌握相应的数学知识就不再是什么困难的事情了。

总之，在幼儿数学教育中，教师在教给幼儿数学知识的同时，还要考虑其思维结构的发展。只有当幼儿的思维结构同时得到发展，他们得到的数学知识才是最牢固的、不会遗忘的知识。

在教育实践中，教师常常需要在传授数学知识和发展思维结构之间作出一定的选择。二者之间实际上是具体利益和普遍利益的关系、眼前利益和长远利益的关系。有时，教师对某具体的知识技能弃而不教，是为了给幼儿更多的机会进行自我建构和同化，以期从根本上改变幼儿的思维方式，因而并不违背数学教育的宗旨。

(三)鼓励幼儿操作、探索的原则

鼓励幼儿操作、探索的原则，就是要积极引导幼儿通过自己的动手操作，亲自参与建构数学知识。数学知识需要幼儿自己建构起来，而且这个建构过程也是幼儿认知结构建构的过程。如果教师只注重结果的获得，而"教"给幼儿很多，实际上就剥夺了他们自己获得发展的机会。事实上，幼儿的认知结构也并不可能通过单方面的"教"获得发展，而必须依赖他们自己和环境之间的相互作用，在主客体的相互作用中获得发展。

在数学教育中，主客体的相互作用具体地表现为幼儿操作物质材料，探索事物之间关系的活动。让幼儿操作、摆弄具体实物，并促使其将具体的动作内化于头脑中，是发展幼儿思维的根本途径。在动作基础上建构起来的数学知识，是真正符合幼儿年龄特点、与他们的认知结构相适应的知识，也是最可靠的知识。而通过记忆或训练达到的熟练，则不具有发展思维的价值。

鼓励幼儿操作、探索的原则，要求教师在实践中要以操作活动为主要的教学方法，而不是让幼儿观看教师的演示或直观的图画，或者听教师的讲解。因为操作活动能够给予幼儿在具体动作水平上协调和理解事物之间关系的机会，是适合幼儿特点的学习方法。以小班幼儿认识数量为例，教幼儿口头数数能够让他们了解数的顺序，却不能让他们理解数量关系。很多小班幼儿数数能数到很多，但是这并不代表他们对数的顺序、数序中的数量关系已经真正理解了。而通过操作活动，幼儿不仅在数数，还能协调口头数数和点数的动作，从而能理解数的实际意义。

操作活动还为幼儿内化数学概念、理解数的抽象意义提供了基础。在熟练操作的基础上，幼儿就能将其外在的动作浓缩、内化，变成内在的动作，最终转变为头脑中的思考。例如，幼儿数概念的发展到了一定程度，就能做到目测数群而无须点数的动作了，最终幼儿看到某个数字就能理解其所代表的数量，而实际上这些能力都建立在最初的操作活动基础上。因此，操作活动对于幼儿学习数学是非常重要的。

此外，这一原则还要求教师把学数学变成幼儿自己主动探索的过程，让幼儿自己探索、发现数学关系，自己获取数学经验。教师"教"的作用，其实并不在于给幼儿一个知识上的结果，而在于为他们提供学习的环境、和材料相互作用的环境、和人相互作用的环境。当然，教师自己也是环境的一部分，也要和幼儿交流，但必须是在幼儿的水平上和他们进行平等的相互作用。只有在这样的相互作用中，幼儿才能获得主动的发展。

（四）重视个别差异的原则

提出重视个别差异的原则的依据是幼儿发展的个别差异性。应该承认，每个幼儿都具有与生俱来的独特性，这既表现在每个人有其独特的发展步骤、节奏和特点，还表现在每个人的脾气性情和态度倾向性各不相同。

在数学教育中，幼儿的个别差异表现得尤其明显。这不仅因为数学学习是一种"高强度"的智力活动，能够充分反映出幼儿思维发展水平的差异，可能也和数学本身的特点有关系——数学是一个有严格限定的领域，有一套特定的符号系统和游戏规则，它不像文学等领域那样需要复杂的生活经历，因而这方面的天赋也易于展现。

幼儿学习数学时的个别差异，不仅表现为思维发展水平上的差异、发展速度上的差异，还有学习风格上的差异。即使同样是学习有困难的幼儿，他们的困难也不尽相同。有的幼儿缺乏概括抽象的能力，有的缺乏学习经验。

作为教育者，应该考虑不同幼儿的个别差异，让每个幼儿在自己的水平上得到发展，而不是千篇一律、统一要求。例如，在为幼儿提供操作活动时，可以设计不同层次、不同难度的活动，这样幼儿可以自由选择适合自己水平和能力的活动。

对于学习有困难的幼儿，教师应分析他们的具体情况，针对不同的困难，给予不同的指导。例如，对于缺乏概括抽象能力的幼儿，教师可引导其总结概括，并适当加以点拨和启发。而对于经验不足、缺乏概括材料的幼儿，教师则可单独提供一些操作练习的机会，增加其学习经验。

● 知识拓展 ●

数字资源1-1-3：福禄贝尔论幼儿数学教育

● 任务迁移 ●

　　对幼儿园数学活动开展情况进行调查，对比幼儿园数学教育活动的任务和原则，找出不合理的做法并给予建议。

表 1-1-7　幼儿园数学活动开展情况调查表

园所所在地			
园所性质		年龄阶段	
活动小记			
问题 （联系幼儿园数学教育 活动的任务与原则）			
建议			

● 任务巩固 ●

表 1-1-8　幼儿园的数学教育活动要点回顾

知识与能力要点	掌握程度	学习建议
幼儿园数学教育活动的任务	☆☆☆☆	理解　识记
幼儿园数学教育活动的原则	☆☆☆☆	理解　识记

● 思考与练习 ●

　　1. 简述幼儿园数学教育的任务。

　　2. 请联系实际，举例说明在幼儿园数学教育活动中，应该遵循哪些原则。

单元二　幼儿园数学教育的目标与内容

任务一　幼儿园数学教育的目标

● 任务导览 ●

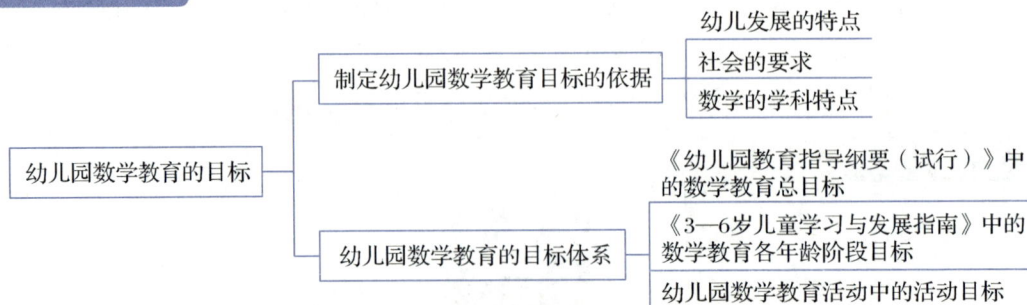

图 1-2-1　幼儿园数学教育的目标思维导图

⦿ 任务探寻 ⦿

在实习、见习中观察一次幼儿园数学教育活动，尝试写下这次活动的目标。并尝试分析这些目标与前面课程中幼儿园数学教育任务之间的关系。

表 1-2-1　幼儿园数学教育活动目标观察表

活动名称	
活动领域	
年龄阶段	
活动目标	
与教育任务的关系分析	

⦿ 知识任务 ⦿

▶▶ **一、制定幼儿园数学教育目标的依据** >>>>>>>

幼儿数学教育是幼儿全面发展教育的一个重要组成部分。幼儿数学教育的目标，是根据社会以及学前教育总目标对幼儿数学教育的要求，以及幼儿身心发展的特点和幼儿数学学科本身的规律而制定的，是学前教育总目标在数学教育中的具体体现。只有综合考虑这几方面因素，协调好它们之间的关系，使数学教育目标的落实与调整成为一个开放的动态过程，才有可能提出较为适宜的幼儿数学教育目标，并以此指导幼儿数学教育实践。在制定幼儿数学教育目标时应考虑以下几个方面。

（一）幼儿发展的特点

幼儿是幼儿园数学教育活动的主体。促进幼儿的德、智、体、美全面发展是幼儿教育的核心任务。幼儿的发展是一个整体，幼儿数学教育必须促进幼儿的全面、整体发展。幼儿的身体和心理的发展是相互影响、紧密相关的，要以幼儿身体、认知、情感、社会和道德的整合性发展为出发点，促进幼儿的全面发展。幼儿数学教育目标的制定，必须能够使幼儿更好地适应生活，认识周围的世界，学会表达和交流，发展其主动性、自信心和责任感，培养科学态度和探索创新精神，成为全面发展、和谐、健康的幼儿。

幼儿的发展具有明显的年龄特点，不同年龄幼儿的发展水平和发展需要是不同的。这决定了幼儿园数学教育的目标必须具有年龄的层次性，即对幼儿提出不同层次的目标。例如，对小班幼儿，只要求探索个别事物的一般属性或明显的、简单的联系，而对中大班的幼儿，则要求引导他们探索事物之间的联系和关系。

幼儿的发展具有明显的个体差异，每个幼儿的个体需要是不同的。即使在同一个年龄，不同幼儿的发展水平都会有很大差别，他们的个性和兴趣更是千差万别。

对幼儿发展的研究能够帮助我们理解幼儿的不同行为表现及其原因，为我们提供幼儿进一步发展的潜力、方向和速度等方面的信息，帮助我们确定哪些目标对于幼儿来说是可能的、适宜的、理想的，从而帮助我们提出对幼儿适宜的期望与要求，即在教育影响下，幼儿能做什么、对什么感兴趣，帮助我们了解幼儿发展的一般性和特殊性关系，以便在统一目标要求下做到因人而异，使每个幼儿在原有水平上都得到发展。

（二）社会的要求

每个人的生活都离不开社会，人是社会成员，社会对社会成员有一定的要求。教育目标要反映社会的要求，符合时代的特点。不同时代、不同社会对人才培养的要求有所不同，所提出的教育目标也有所不同。在幼儿教育目标的指导下，幼儿数学教育的目标也要相应变化。换句话说，幼儿数学教育目标是幼儿教育目标在数学方面的具体化，幼儿数学教育目标的制定必须依据幼儿教育总目标。

（三）数学的学科特点

数学是一门研究数量关系和空间位置关系的科学，具有严密的符号体系、独特的公式结构、形象的图像语言。数学具有高度的抽象性、严密的逻辑性、广泛的应用性，在科学技术和社会发展中的地位越来越重要，已经成为现代生活的基础和工具。任何一门科学要建构完整、严密的体系都要成功地运用数学思想和方法。幼儿正处于逻辑思维能力发展的萌芽阶段，通过数学教育可以使幼儿构建初步的数学概念和数学思想方法，开拓幼儿头脑中的数学空间，促进幼儿智慧的增长和良好的数学素养的养成，这将为幼儿一生的可持续发展奠定坚实的基础。

▶▶ 二、幼儿园数学教育的目标体系 >>>>>>>>

幼儿园数学教育目标体系是按一定的结构和层次组织起来的一个有机整体。从横向上看，它包括三个维度：①情感与态度目标，包括兴趣、态度、习惯、价值观念和社会适应能力的发展；②认知目标，包括知识的掌握和认知能力的发展；③过程与方法目标，包括感知动作、动作协调、动作技能以及数学方法的发展。从纵向上看，它包括不同的层次，通常分为幼儿园数学教育的总目标、各年龄段目标、数学活动目标三个层次。每一层次的目标都包括三个维度。一般来说，目标层次越高，其抽象概括性越高，可操作性则越低；目标层次越低，其抽象概括性也越低，可操作性也越高。

（一）《幼儿园教育指导纲要（试行）》中的数学教育总目标

2001年7月教育部颁布的《幼儿园教育指导纲要（试行）》（以下简称《纲要》）中有关科学领域的目标如下。

1. 对周围的事物、现象感兴趣，有好奇心和求知欲；

2. 能运用各种感官，动手动脑，探究问题；

3. 能用适当的方式表达、交流探索的过程和结果；

4. 能从生活和游戏中感受事物的数量关系并体验到数学的重要和有趣；

5. 爱护动植物，关心周围环境，亲近大自然，珍惜自然资源，有初步的环保意识。

根据《纲要》中科学领域的目标要求，幼儿园数学教育总目标应包含以下四方面要求。

1. 对周围环境中事物的数量、形状、时间和空间等感兴趣，有好奇心和求知欲，喜欢参加数学活动和游戏；

2. 能从生活和游戏中感受事物的数量关系，获得有关数、形、量、时间和空间等感性经验，体验到数学的重要和有趣；

3. 学习用简单的数学方法，解决生活和游戏中某些简单的问题，能用适当的方式表达、交流操作和探索问题的过程和结果；

4. 会正确使用数学活动材料，能按规则进行活动，有良好的学习习惯。

(二)《3—6 岁儿童学习与发展指南》中的数学教育各年龄阶段目标

2012 年教育部颁布的《3—6 岁儿童学习与发展指南》（以下简称《指南》）按照《纲要》中五大领域的目标要求，提出了各年龄段的目标，其具体要求如下。

目标 1 初步感知生活中数学的有用和有趣

3—4 岁	4—5 岁	5—6 岁
1. 感知和发现周围物体的形状是多种多样的，对不同的形状感兴趣。 2. 体验和发现生活中很多地方都用到数。	1. 在指导下，感知和体会有些事物可以用形状来描述。 2. 在指导下，感知和体会有些事物可以用数来描述，对环境中各种数字的含义有进一步探究的兴趣。	1. 能发现事物简单的排列规律，并尝试创造新的排列规律。 2. 能发现生活中许多问题都可以用数学的方法来解决，体验解决问题的乐趣。

目标 2 感知和理解数、量及数量关系

3—4 岁	4—5 岁	5—6 岁
1. 能感知和区分物体的大小、多少、高矮长短等量方面的特点，并能用相应的词表示。 2. 能通过一一对应的方法比较两组物体的多少。 3. 能手口一致地点数 5 个以内的物体，并能说出总数。能按数取物。 4. 能用数词描述事物或动作。如：我有 4 本图书。	1. 能感知和区分物体的粗细、厚薄、轻重等量方面的特点，并能用相应的词语描述。 2. 能通过数数比较两组物体的多少。 3. 能通过实际操作理解数与数之间的关系，如：5 比 4 多 1；2 和 3 合在一起是 5。 4. 会用数词描述事物的排列顺序和位置。	1. 初步理解量的相对性。 2. 借助实际情境和操作(如合并或拿取)理解"加"和"减"的实际意义。 3. 能通过实物操作或其他方法进行 10 以内的加减运算。 4. 能用简单的记录表、统计图等表示简单的数量关系。

目标3　感知形状与空间关系

3—4 岁	4—5 岁	5—6 岁
1. 能注意物体较明显的形状特征，并能用自己的语言描述。 2. 能感知物体基本的空间位置与方位，理解上下、前后、里外等方位词。	1. 能感知物体的形体结构特征，画出或拼搭出该物体的造型。 2. 能感知和发现常见几何图形的基本特征，并能进行分类。 3. 能使用上下、前后、里外、中间、旁边等方位词描述物体的位置和运动方向。	1. 能用常见的几何形体有创意地拼搭和画出物体的造型。 2. 能按语言指示或根据简单示意图正确取放物品。 3. 能辨别自己的左右。

　　《指南》中分别对 3—4 岁、4—5 岁、5—6 岁三个年龄段末期幼儿在数学方面应该知道什么、能做什么，大致可以达到什么发展水平提出了合理期望，指明了幼儿学习与发展的具体方向，对幼儿园教育和家庭教育都具有很好的指导性和操作性。

（三）幼儿园数学教育活动中的活动目标

　　在数学教育实践中，各年龄阶段目标必须层层分解为具体的、可操作的目标，即分解成可以在一次数学活动中实现的目标或需要通过若干数学活动实现的目标。这一级目标应与一、二级目标相一致，使之相互衔接，以促进幼儿的整体发展。

◉ 知识拓展 ◉

数字资源 1-2-1：制定幼儿园数学教育目标的意义

◉ 任务迁移 ◉

　　选定一个自己感兴趣的幼儿园数学教育活动主题，收集同一主题的五份不同活动方案，将其中的年龄段、活动目标一一罗列出来，比较其异同，思考每个活动方案的优缺点。

表 1-2-2　幼儿园数学教育活动目标比较表

活动名称				
年龄阶段				
活动目标				
你的思考				

任务巩固

表1-2-3　幼儿园数学教育的目标要点回顾

知识与能力要点	掌握程度	学习建议
制定幼儿园数学教育目标的依据	☆☆	理解　运用
幼儿园数学教育的目标体系	☆☆☆☆☆	理解　运用

思考与练习

1. 制定幼儿园数学教育目标的依据是什么？
2. 幼儿园数学教育目标有哪些层次？各个层次之间有什么关系？
3. 幼儿园数学教育总目标包括哪些方面的内容？

任务二　幼儿园数学教育的内容

任务导览

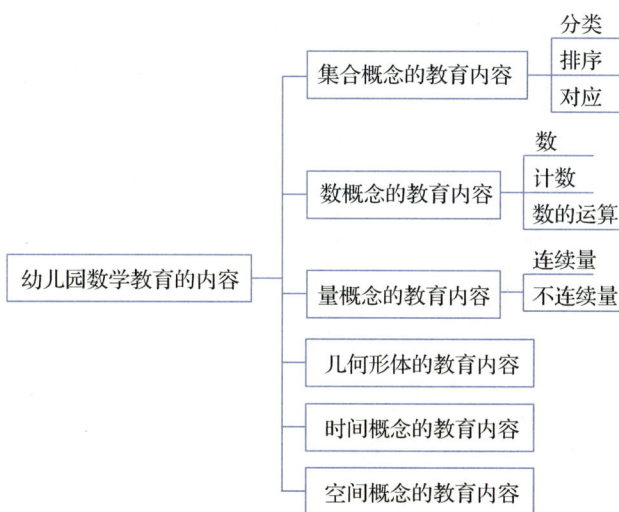

图1-2-2　幼儿园数学教育的内容思维导图

任务探寻

　　根据前面课程所学的理论，自选一个内容与年龄阶段，设计一个可操作的数学教具。所选内容能够体现幼儿园数学教育的原则，教具能够体现幼儿园数学教育的目标。教具形式不限。

表1-2-4　数学教具设计表

活动名称	
年龄阶段	
活动目标	
教具照片	

● 知识任务 ●

　　幼儿数学教育的最高境界不是让幼儿学会计算，而是让幼儿能够用数学的方式来思考、能够发现生活中的数学，认识到数学和生活的联系，发展幼儿的逻辑思维能力等。数学学习作为幼儿最早接触到的"学术性"学习活动，能够帮助他们养成一些早期的学习习惯和学习品质，使他们将来能更好地适应小学阶段的学习。

▶▶ **一、集合概念的教育内容** >>>>>>>

　　集合概念的教育内容包括分类、排序、对应。

　　分类指把具有相同特点的物体归并在一起的操作。例如，按照物体的某一个（或几个）特征进行分类；按照物体的不同特征进行多角度分类或多层次分类。对于初步认识世界的幼儿来说，分类能帮助幼儿更好地抽象出数或形的概念，巩固并促进幼儿的认知发展。

　　排序是将两个以上的物体，按某种特征的差异或一定的规律进行排列。幼儿要学习按物体量的差异排序及按物体的某一特征或规律排序。

　　对应指在两个集合中，一个集合里的任何一个元素按照确定的对应关系在另一个集合里都有一个或几个元素与它相对应。如果一个集合的每一个元素都能分别与另一个集合中的每一个不同的元素对应，那么这种对应关系就叫一一对应。幼儿学习将相关的物体一一对应，借助这一逻辑方法比较两组物体的数量是否相等。幼儿常用匹配、重叠、并放、连线等方法建立对应关系。

▶▶ **二、数概念的教育内容** >>>>>>>

　　数、计数、数的运算是与幼儿生活紧密联系的。用来表示集合中元素多少的数是基数，如小二班里有 8 名女孩，盘子里有 5 个橘子等。用来表示元素在序列中的次序的数是序数，如第一个、第二名等。

　　在学习数、计数、数的运算的活动中，幼儿具体要学习自然数、基数、序数、基数的守恒、相邻数、单数与双数、数的组成等，认读 10 以内的阿拉伯数字。计数就是数数，学会手口一致地点数实物并能说出总数，即幼儿能口说数词，手点实物，使每个数词与一个集合内的每个元素建立一一对应的关系，数的结果会用数词来表示。学习数的运算可以帮助幼儿更好地了解、认识周围事物中的数量关系，并用来解决生活中一些简单的问题。

▶▶ **三、量概念的教育内容** >>>>>>>

　　物体或现象所具有的可以定性区别或测定的属性叫作量。量可分为连续量和不连续量。例如，大班有多少小朋友、盘子里有几个苹果等是不连续量；长度、面积、温度、速度等是连续量。物体的大小、多少、长短、轻重、粗细、厚薄、宽窄、远近、高低等量都是幼儿生活中经常接触的，因而幼儿需要，也可以学习。在比较各种量的差异时，可让幼儿感知到量的相对性，并帮助幼儿建立序的概念，使幼儿对其中的传递关系有所体验，同时也要学习量的守恒。

计量就是把一个暂时未知的量同另一个作为标准的约定的已知量做比较，这个比较的过程叫作计量。幼儿学习计量常利用各种自然物，例如，用小棍、筷子、纸条、小瓶等作计量单位测量物体的长度、高低、体积等，这种测量方法叫作自然测量。幼儿学习计量的意义在于，运用已有的经验进行测量，可体验到把整体分解成部分，以及部分与部分置换的运算关系，并逐步建立测量单位体系的观念，为以后学习计量做好心理准备。

▶▶ 四、几何形体的教育内容 >>>>>>>>

几何形体教育内容包括平面几何图形及建构，立体几何图形及建构。幼儿常见的平面几何图形包括圆形、三角形、正方形、长方形、椭圆形、扇形等，立体几何图形包括球体、正方体、长方体、圆柱体等。幼儿需要正确辨认常见的几何图形，能说出它们的名称和主要特征，能区分平面几何图形和立体几何图形。

几何形体是人们用来确定物体形状的标准形式，物体的形状在几何形体中得到概括的反映。在人们生活的世界中，各种各样的物体都具有一定的形状。幼儿学习、认识几何图形，可帮助他们逐步形成空间观念，并有助于其对数的理解和数概念的建立，促进其观察力、想象力和创造力的发展。

▶▶ 五、时间概念的教育内容 >>>>>>>>

时间是物质运动过程中持续性和顺序性的表象。时间还意味着两个时刻间的距离，或指某一时刻。时间是人们看不见也摸不到的量。

幼儿能区分白天、黑夜，早晨、晚上，昨天、今天、明天；知道一星期七天的名称及其顺序；认识钟表，会看整点和半点，知道钟表的用途；知道一年的天数。

▶▶ 六、空间概念的教育内容 >>>>>>>>

空间概念的教育主要是让幼儿知道空间位置关系，如上下、前后、左右等，以及一些复合方位关系，如左上、右上等。幼儿能按指定方向进行运动。

● 知识拓展 ●

数字资源1-2-2：选择幼儿园数学教育内容的依据

● 任务迁移 ●

根据本节课所讲的内容修改自己的数学教具，利用下园见习或实习的机会，观察幼儿的操作，思考教具存在的问题并改进。

表1-2-5　数学教具使用观察表

活动名称	
年龄阶段	
活动目标	
教具使用情况	
活动反思	
教具改进	

● 任务巩固 ●

表1-2-6　幼儿园数学教育的内容要点回顾

知识与能力要点	掌握程度	学习建议
集合概念的教育内容	☆☆☆☆☆	理解　识记
数概念的教育内容	☆☆☆☆☆	理解　识记
量概念的教育内容	☆☆☆☆☆	理解　识记
几何形体的教育内容	☆☆☆☆☆	理解　识记
时间概念的教育内容	☆☆☆☆☆	理解　识记
空间概念的教育内容	☆☆☆☆☆	理解　识记

● 思考与练习 ●

幼儿园数学教育的内容有哪些？为什么选择这些内容供幼儿进行数学学习？

单元三　幼儿园数学教育的途径与方法

任务一　幼儿园数学教育的基本途径

● 任务导览 ●

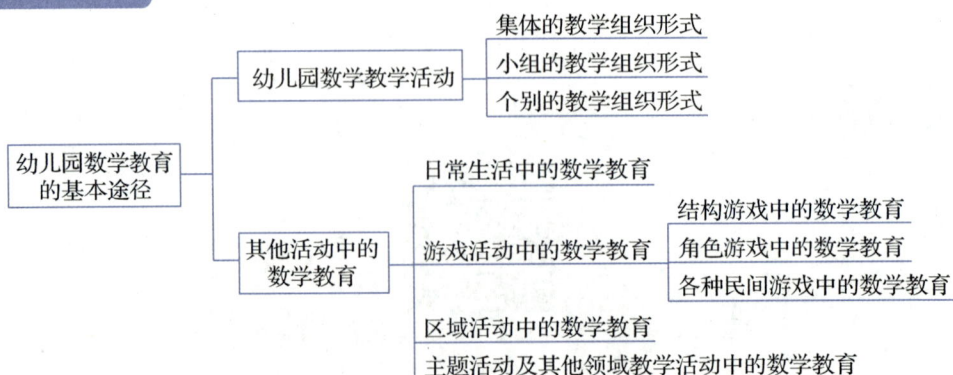

图1-3-1　幼儿园数学教育的基本途径思维导图

任务探寻

搜寻自己家乡的民间游戏，找到其中有数学教育价值的部分，并制作相应的教具。

表 1-3-1　教具制作记录表

活动名称	
年龄阶段	
活动目标	
教具图片	

知识任务

▶▶ 一、幼儿园数学教学活动 >>>>>>>>

根据不同年龄班幼儿的特点及教学内容的特点，在组织数学活动时，可以采用不同的形式。常见的幼儿园数学教学组织形式包括：集体的教学组织形式、小组的教学组织形式、个别的教学组织形式。

（一）集体的教学组织形式

集体的教学组织形式是指教师直接组织和指导全班幼儿开展数学活动。在幼儿园数学教学活动中，根据内容的特点，教师向全班幼儿进行讲解、示范，组织全班幼儿观察、讨论，引导全班幼儿整理信息、归纳经验。这种活动可以培养幼儿遵守规则的意识，让幼儿体验到集体活动和游戏的快乐，发挥班集体的教学作用，有利于经济有效地、较大面积地培养幼儿，是我国目前使用频率较高的一种教学组织形式。

（二）小组的教学组织形式

小组的教学组织形式是指教师根据教学进度，将相关的教学内容设计成多个不同的操作活动，分别提供给不同小组的幼儿，幼儿在教师的指导下，根据自己的兴趣和需要选择其中的部分或全部活动进行学习。在这种形式的活动中，幼儿能更多地获得交流表现的机会，使其合作意识和团队精神可以得到培养。

（三）个别的教学组织形式

个别的教学组织形式是指教师根据活动内容的特点，组织幼儿进行独立的、自主的活动。在个别活动中，教师的先期示范及幼儿操作过程中教师的个别指导非常重要。个别的教学组织形式给予了幼儿较大的自由，它为不同水平的幼儿提供相应的活动内容和材料，帮助其在原有的基础上得到较大的发展，有利于培养幼儿的独立性和自主性，充分发挥幼儿的主体性，有利于做到因材施教。

这三种常见的教学活动组织形式各有优缺点。在我国，集体活动是主要的组织形式，教师应注意在教学中灵活地使用集体、小组和个别的教学组织形式，既要面向全体幼儿，又要重视个别差异。教师可以根据活动内容和需要，将这三种教学组织形式或其中任意两种进行有机结合，以充分发挥不同组织形式的优势，更好地实现教育目标。

▶▶ 二、其他活动中的数学教育 >>>>>>>

幼儿园数学教育除了数学教学活动之外，也可以将数学教育渗透在幼儿的日常生活和其他教育活动中，这些形式的活动，在内容和组织方式上都十分丰富、灵活。

（一）日常生活中的数学教育

《纲要》中明确指出："能从生活和游戏中感受事物的数量关系并体验到数学的重要和有趣。"教育要回归幼儿真实的生活，回归自然，寓教育于生活中。因此，数学教育要紧密联系幼儿的生活情境，把数学和幼儿的生活实际联系起来，让数学贴近生活，使幼儿在不知不觉中自然而然地接触数学，初步感受数学与日常生活的密切联系，获得有关数学的经验。

生活中的数学往往具有以下特点：①教育的内容广泛，便于就地取材；②教育大多是在自然状态下，由偶然事件或情境引发；③教育通常会经常地、反复地发生；④教育的随机性较强，不受时间、地点的限制；⑤教育的过程具有不确定性，易受其他因素的影响。幼儿在日常生活中按自己的意愿和兴趣去探索数学现象和数学问题，能充分发挥幼儿的独立性、自主性和创造性。

在幼儿的日常生活中，有许许多多可对幼儿产生数学影响的情境和事例，是幼儿数学教育取之不尽的源泉。这些不仅可以激发幼儿主动建构数学知识的动机，还能为幼儿提供自主、自发的学习数学的条件，感受来自生活中的各种数学信息，进而积累丰富的、感性的数学经验。教师可以在日常生活中渗透数学教育，使幼儿在活动中随机地感受到数学的存在、数学的美好和数学的有用。例如，幼儿入园后，通过清点幼儿人数，告诉幼儿今天来的一个一个的小朋友组成了许多个小朋友，以此引导幼儿感知"1和许多"；就餐时，请幼儿帮助教师分发碗筷，感受"一一对应"的关系；通过幼儿早上起床的时间、入园的时间、一日三餐的时间、午睡的时间、离园的时间等，教师可以随时随地、灵活地引导幼儿感知时间知识。通过这些活动让幼儿感知生活中处处有数学，引起他们探索并学习数学的兴趣。

幼儿在生活中经常接触各种与数、量、时间、空间等有关的问题，教师要在幼儿已经形成的经验的基础上，紧密结合幼儿的生活实际，引导幼儿感知事物的数量关系和空间形式。要抓住生活中的事件与情境，组织幼儿通过讨论、探索来解决实际问题，从而使幼儿感受到数学对人们生活的重要性，引发幼儿对身边的数、量、形、时间、空间等关注和探究。因此，日常生活中的数学教育渗透是极其重要且有效的，将抽象的数学概念整合在日常生活中并加以运用，在为幼儿创造的真实情境中，引导幼儿通过解决问题学习数学，会进一步激发幼儿的学习需要，加深和丰富幼儿对数学概念的理解。

总之，幼儿生活中的数学教育环境是丰富多彩的，对幼儿各方面的发展具有积极的、深远的影响，教师要善于利用这一自然的、随机的数学教育资源，为幼儿提供宽松、自由的学习空间，引导幼儿发现、体验和学习，从而获得相关的数学经验。

学习笔记

（二）游戏活动中的数学教育

游戏是幼儿的基本活动。《纲要》要求："能从生活和游戏中感受事物的数量关系并体验到数学的重要和有趣。"寓教育于游戏中，结合游戏进行幼儿园数学教育，既符合幼儿好玩、好动、好奇的特点，也能提高幼儿参与数学活动的兴趣，为幼儿带来愉快、成功的情绪体验，还可以将幼儿从枯燥抽象的数学机械学习中解放出来，在轻松、有趣的氛围中感受和积累初步的数学知识。因此，游戏活动是幼儿园数学教育的有效途径之一，而且不同的游戏具有不同的数学教育价值。

1. 结构游戏中的数学教育

凡利用各种结构材料或玩具进行建构的活动都称为结构游戏。例如，结构游戏中的积木材料，不仅可以再现现实生活中的各种形体，使幼儿认识、理解有关形体的概念，并且幼儿搭建的过程及对材料的整理归类，也有利于他们获得并巩固有关数量、高度、长度、上下、左右、宽窄、厚薄、对称等概念，取得组合、堆积、排列各种形体的经验，从而掌握有关形状、数量、体积、空间方位、分类等数学知识。再如在玩沙、玩水游戏中，幼儿通过用大小不同的杯子、小桶、瓶子等容器装沙、装水，以及在各种容器之间翻倒，不仅可以比较容器的大小，而且也可以帮助幼儿理解守恒的概念。沙子和水混合在一起，还可以堆成各种立体模型，使幼儿感受不同的空间形式。

2. 角色游戏中的数学教育

角色游戏是幼儿通过扮演角色，运用想象，创造性地反映个人生活印象的一种游戏，通常都有一定的主题，如娃娃家、商店、医院等，所以又称为主题角色游戏。在角色游戏中，幼儿可以不同程度地运用数学知识和技能，在玩中运用数学、体验数学、理解数学、掌握数学。例如，在超市游戏中，通过商品摆放，可以发展幼儿的分类技能；通过商品买卖，可以帮助幼儿认识货币，学习数的运算等。再如在娃娃家游戏中，通过房间布置可以培养幼儿的分类能力并增强他们的空间方位感。

3. 各种民间游戏中的数学教育

各种民间游戏中同样蕴含着幼儿园数学教育的因素，如七巧板、魔方等。

总之，教师要根据教育目标和教育内容，针对幼儿的兴趣、发展水平及已有的知识经验灵活设计多种多样的游戏，在游戏中，尽量保证幼儿游戏的自发性、自主性、愉悦性等特点，不要过多限制幼儿、剥夺幼儿的游戏自由，让他们有自己的想象的空间。

(三)区域活动中的数学教育

区域活动中的数学教育是以幼儿对数学的兴趣和数学本身所蕴含的核心元素为依据，按照幼儿园数学教育的目标，在幼儿的活动室或其他活动场所，设置数学活动的专门区域，并为幼儿提供各种适当的数学活动材料。幼儿可以在其中自由选择并操作材料，逐步积累数学经验，巩固数学知识，发展数学思维能力，特别是抽象逻辑思维能力。

区域活动中的数学教育具有以下特点：

第一，幼儿自主选择活动内容和材料；

第二，对教育目标的达成不做统一要求；

第三，教师较少干预，幼儿有较大的自主权和自由度；

第四，活动没有固定的组织形式，幼儿可以一个人探索，也可以自由结合、共同探索。

区域活动中的数学教育强调幼儿的自主选择，可以为具有不同发展水平和不同兴趣需要的幼儿提供不同的活动内容和材料，满足幼儿个性发展的需要。

(四)主题活动及其他领域教学活动中的数学教育

随着《纲要》的贯彻实施和幼儿园课程改革的深入，发展整合式的、主题式的课程结构已成为当前幼儿园课程改革的重要趋势。在幼儿园数学教育中，从学科本身的逻辑结构出发的分科教学正逐渐被主题活动所取代，渗透的、整合的教学活动成为幼儿园数学教育的一个重要途径。

主题活动是指在一段时间内（如一个月）围绕一个中心内容（即主题）来展开的教育教学活动。主题源自幼儿的生活和实际需要，是幼儿所熟悉的或有条件可以熟悉的。主题所反映的具体而完整的现实世界活动中，必然包含着数学方面的内容。因此，教师要将数学活动融入主题活动中，抓住一切可以利用的契机，引导幼儿探索数学知识，让幼儿在不知不觉中感受数学、理解数学、运用数学。

同时，按照《纲要》中的要求："各领域的内容要有机联系，相互渗透，注重综合性。"在幼儿园五大领域的活动中渗透数学教育，可以帮助幼儿在其他领域的活动中感受事物的数、量、形、时间、空间等关系，进而获得相应的数学概念，巩固和促进幼儿数学概念的发展，使幼儿的数学学习更为生动、有趣和有效。

例如，在健康活动中，训练幼儿做各种动作，可以促进幼儿空间方位、时间知觉、计数能力等的发展。在语言活动中，可以借助文学形式，将数学知识与儿歌、故事等巧妙地结合起来，将抽象、枯燥的数学知识转变成有韵律、有情节、有节奏的文学形式。比如，教师在教幼儿《数字认读歌》时，幼儿可以学会认读1—10；在欣赏数学故事《骄傲的"0"》时，可以理解数字"9"与"10"的关系。通过这些形式，可以使幼儿在轻松愉快的氛围中生动有趣地学习和巩固数学知识。在科学活动中，幼儿可以运用数数、测量等方法发现物体之间的数量关系和空间关系；通过观察，可以让幼儿对树叶进行分类整理等，从而提高幼儿的数学应用意识和分析问题、解决问题的能力。在艺术活动中，让幼儿欣赏自然界中蕴含对称美的物体，如蝴蝶、花朵；在美术活动中，可以利用数学中有规律的排序形式对物体或画进行装饰；在绘画、泥工、手工活动中，幼儿可以获得有关形状、空间、对称以及物体质量、体积等的感性经验。

　　总之，重视领域间的相互联系和相互渗透，有机整合不同领域的教育资源，是非常重要的幼儿园数学教育途径。

● 知识拓展 ●

数字资源1-3-1：幼儿园数学教学活动的特点

● 任务迁移 ●

　　精选小组同学自制的民间数学游戏教具，并用这些教具一起做游戏，拍摄同学们做游戏的视频并将视频上传到平台。思考在游戏中遇到了什么问题？是怎样改进的？

表1-3-2　教具使用及改进

活动名称	
年龄阶段	
活动目标	
教具使用情况	
活动反思	
教具改进	

● 任务巩固 ●

表1-3-3　幼儿园数学教育的基本途径要点回顾

知识与能力要点	掌握程度	学习建议
幼儿园数学教学活动	☆☆☆☆	理解　运用
其他活动中的数学教育	☆☆☆	理解　运用

● 思考与练习 ●

1. 幼儿园数学教育的途径有哪些？试举例说明。
2. 幼儿园数学教学活动的组织形式有哪些？试举例说明。

任务二　幼儿园数学教育的方法

● 任务导览 ●

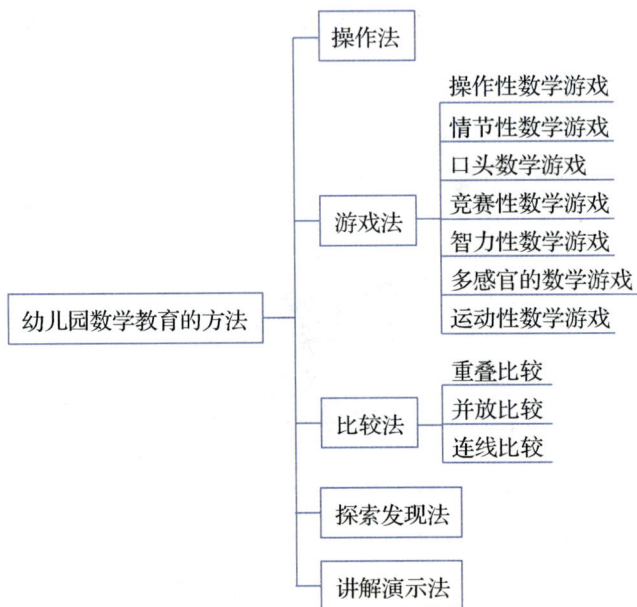

图 1-3-2　幼儿园数学教育的方法思维导图

- 操作法
- 游戏法
  - 操作性数学游戏
  - 情节性数学游戏
  - 口头数学游戏
  - 竞赛性数学游戏
  - 智力性数学游戏
  - 多感官的数学游戏
  - 运动性数学游戏
- 比较法
  - 重叠比较
  - 并放比较
  - 连线比较
- 探索发现法
- 讲解演示法

幼儿园数学教育的方法

● 任务探寻 ●

你会设置什么样的情境来组织小班幼儿比较下图中两组物体的多少？怎么"教"会幼儿？请录制一个 5 分钟以内的视频完成上述任务并上传到学习平台。

图 1-3-3　小熊与小猫

● 知识任务 ●

教育方法是实现教育目标而采用的办法。幼儿园数学教育方法是教师引导幼儿掌握知识技能、获得身心发展而共同活动的方法，它包括教师教的方法和幼儿学的方法。

幼儿园数学教育，一方面，要从幼儿身心发展水平和数学学习的特点出发，研究幼儿如何"学"数学，以便在幼儿园数学教育过程中，体现幼儿的"主体地位"，让幼儿在数学实践活动中操作、体验、探索、发现、主动获得数学知识、技能和能力；另一方面，还要从教育目标、教育内容、数学学科特点出发，研究幼儿教师如何"教"数学，以便使教育走在幼儿发展的前面，充分体现幼儿教师的主导作用，通过启发诱导、积极引导、现场指导、个别辅导，促进幼儿的数理逻辑能力、分析能力和解决问题能力的发展。

幼儿园数学教育常用的方法有操作法、游戏法、比较法、探索发现法、讲解演示法。

▶▶ 一、操作法 >>>>>>>>

操作法是提供给幼儿合适的材料、环境等，引导幼儿按一定的要求和程序动手操作，让幼儿在实践过程中获得数学经验、知识和技能，发展能力的一种方法。

例如：学习计数时，提供给幼儿不同材料，如小木棍、小石子、玩具、铅笔等，让幼儿用不同的方式反复进行计数；学习排序时，提供给幼儿多种排序的材料，如长短不同的小木棍、大小不一的纽扣、大小不同的动物图片或模型等，让幼儿根据不同的材料有规律地排列；学习几何图形时，提供各种形状的卡片、积木等，让幼儿进行图形的认识、比较、拼搭等活动。

幼儿的思维处于以具体形象思维为主的发展阶段，对高度抽象的数学内容的学习，往往要通过操作具体事物来获得直观的感受和经验。因此，操作法是幼儿园数学教育十分重要的一种方法，教师可以将其运用到与幼儿园数学教育有关的一切活动中去，并可以和其他各种方法有机结合、融会贯通。运用操作法时，需注意以下问题。

第一，为幼儿提供充足的操作材料。教师要根据活动目标和内容，为幼儿准备充足的材料，保证每个幼儿都有足够的操作材料。

第二，在幼儿动手操作前，应向幼儿说明操作的目的、要求及具体的操作方法，减少操作的盲目性和随意性。当然，在运用操作法的过程中，不能只重视验证性操作，而忽视探索性和发散性操作；不能只重视操作的结果，而忽视操作的过程。

第三，给予幼儿充分的操作时间。要想让幼儿通过亲自操作达到预期目标，就必须给幼儿足够的时间去操作，去探索和思考，去总结和发现，这样才能充分发挥操作法的作用，达到操作的目的。切忌走过场，切忌教师的包办、代替。

第四，在操作过程中，教师应注意观察幼儿的操作情况，及时发现问题，

学习笔记

引导幼儿积极思考和探索。可向全体或个别幼儿提出启发性问题，或告知幼儿相关的注意事项。

第五，引导幼儿交流、讨论操作结果。操作是手段而不是目的，不应为操作而操作。操作后应通过交流和讨论，帮助幼儿将操作中获得的感性经验转化为初步的数学概念。

第六，应根据不同的教学内容及不同年龄幼儿的实际情况提出不同的操作要求。例如，在小班，可以让幼儿观察、动手操作，比较正方形卡片和三角形卡片的不同；而在大班，则可以让幼儿动手糊一个正方体来认识正方体的特点，并和长方体进行比较。

▶▶ 二、游戏法 >>>>>>>>

游戏法是根据幼儿好玩、好动的天性以及具体形象的思维特点，将抽象的数学知识寓于幼儿感兴趣的游戏中，让幼儿在自由自在、无拘无束的各种游戏活动中学习数学的一种方法。

游戏是幼儿最喜爱的活动，将数学教育寓于游戏活动中，可以使抽象的数学知识具体化、形象化、趣味化、实用化，有利于调动幼儿学习数学的积极性和激发幼儿学习的兴趣。

游戏有一定的规则，运用游戏法时，教师要将希望幼儿掌握、巩固、运用的数学知识和技能渗透到游戏的规则中，让幼儿在做游戏的过程中，观察、思考、运用，从而获得数学知识和技能，发展思维能力。幼儿园数学教育常见的游戏类型，有以下几种。

(一)操作性数学游戏

操作性数学游戏是幼儿通过操作玩具或实物材料，并按一定规则进行的一种游戏。例如"穿珠子""排排看"等游戏。

(二)情节性数学游戏

情节性数学游戏是指通过创设一定的情节，幼儿扮演某种角色进行游戏，从而体验、学习并巩固数学知识和技能的一种游戏活动。

(三)口头数学游戏

口头数学游戏是教师和幼儿或幼儿之间以口头对答的方式进行游戏，游戏中涉及数学知识和数学能力的运用，可以发展幼儿抽象逻辑思维能力，提高思维的灵活性和敏捷性，并达到巩固数学知识的目的。例如"碰球"游戏。

(四)竞赛性数学游戏

竞赛性数学游戏是指带有竞赛性质的数学游戏。例如"单脚站立比赛"。

(五)智力性数学游戏

智力性数学游戏是一种运用数学知识促进幼儿智力发展的游戏，可以极大地调动幼儿思维的积极性，培养思维的灵活性、敏捷性、独创性，提高幼儿综合运用数学知识解决问题的能力。例如"哪张牌不见了"游戏。

(六)多感官的数学游戏

多感官的数学游戏是指通过不同的感觉器官(眼睛、耳朵、鼻子、嘴、手等)对事物进行感知,从而获得对数、量、形、时间、空间的感知和理解,进行数学学习的一种游戏。例如"神奇的箱子"游戏。

(七)运动性数学游戏

运动性数学游戏是指寓数学概念或知识于体育活动中的一种游戏。幼儿可以在体育游戏中,运用和巩固数学知识或概念,发展数学能力。例如"跳绳"游戏。

总之,不同的游戏有不同的玩法,某些游戏是两种或多种游戏的结合,游戏种类及所占比重应根据年龄阶段和幼儿的实际水平而定;在设计游戏时,规则不能过于复杂,情节必须是幼儿能够理解的;在保证游戏特点的前提下,突出对数、形等数学概念的感知,并注重发展幼儿的数学思维能力。

▶▶ 三、比较法 >>>>>>>

比较法是通过对两个(组)或两个(组)以上物体的比较,感知和找出这些物体在数、量、形、空间等方面的异同及其相互关系的一种方法。

比较是人们认识世界的手段,是一种思维过程,也是幼儿园数学教育的一种常用的方法。比较法常见的类型是对应比较,即把两个(组)物体一对一进行比较,具体分为以下三种。

(一)重叠比较

把一个(组)物体重叠在另一个(组)物体上,通过两个(组)物体之间一对一的关系进行数或量的比较。例如,比较3个正方形和4个三角形的多少时,可以将3个正方形一一叠放在4个三角形上,比较它们的数量是否相等,看谁比谁多,多几个或谁比谁少,少几个。

(二)并放比较

把一组物体摆成一行,再把另一组物体一个一个对应地放在这组物体的下面,进行数或量的比较。例如,比较4朵红花和5朵黄花的多少时,将4朵红花一朵一朵摆放成一排,再将5朵黄花一朵一朵对应地摆放在每一朵红花的下面,进行比较。

(三)连线比较

将两组物体一对一分别用线连起来进行比较。例如,一个盘子里有4个苹果,另一个盘子里有3个香蕉,比较它们的多少时,将每一个苹果与每一个香蕉用线连起来,还剩下一个苹果,表明苹果比香蕉多。

运用比较法时要注意以下几点。

第一,比较的物体之间存在联系,应在同一标准下进行比较。

第二,比较时,教师要引导幼儿综合运用各种感官,对物体进行充分的观察,并配合语言表达自己的发现。

第三，比较时，教师要适时提出启发性的问题，引导幼儿积极发现和思考。

第四，要引导幼儿将在比较中获得的感性经验及时归纳、整理，形成数学知识和概念。

第五，比较的目的不仅仅是完成任务，还要给幼儿充分探索的时间，帮助幼儿掌握比较的方法，发展比较的思维能力。

第六，要根据不同的内容和不同年龄段幼儿的实际水平来确定比较的方法和难度。

▶▶ 四、探索发现法 >>>>>>>>

探索发现法是教师在教学过程中，不直接告诉幼儿或给幼儿讲解数学知识，而是启发诱导幼儿在已有的数学知识和经验的基础上，通过自己的积极思考和探索，主动获得数学经验，发现数学知识的一种方法。

发现学习是更适合幼儿的一种学习方式，特别有利于发挥幼儿的主体性，激发幼儿的学习动机，发展幼儿分析和解决问题的能力，培养幼儿主动参与学习的积极态度等。但是，发现学习不一定都是有意义的，它有可能变成幼儿机械、盲目地尝试，关键是教师要激发幼儿的主动性，提出具有启发性的问题，引导幼儿积极探索和发现。

探索发现法的一般步骤：教师提供有助于幼儿探索发现的情境，引导幼儿观察和操作，有计划地提出启发幼儿思考的问题，引导幼儿自己找出解答问题的方法，通过探索、表达和交流，得出结论。

运用探索发现法需注意以下几点。

第一，探索发现法应与操作法结合使用。探索活动通常是在幼儿对具体物体进行操作的过程中进行的。因此，操作法中提到的注意事项，同样适用于探索发现法。

第二，探索发现法使用的关键是教师要充分了解幼儿已有的经验，善于提问，所提问题能为幼儿的思路和探索的方向提供引导。

第三，教师应给予幼儿充分的探索时间，相信幼儿可以发现。教师要学会等待、观察，不要急于公布答案或暗示幼儿答案，应适时、合理地给予启发。

第四，教师应面向全体，同时注重个别差异，对不同能力水平的幼儿给予不同的启发和鼓励。

第五，教师要注意组织幼儿表达和交流探索发现的结果，引导幼儿使用一定的数学用语将探索发现的数学知识表述出来。

▶▶ 五、讲解演示法 >>>>>>>>

讲解演示法是教师通过向幼儿展示直观教具并配合口头语言的解释，把抽象的数学知识具体形象地呈现给幼儿的一种方法。这是一种边演示边讲解的方法。

对于幼儿来说，某些新内容或某个内容的重难点是不易理解的，也是自己通过操作、探索很难发现和掌握的，这就需要教师的演示和讲解，以帮助幼儿厘清思路，掌握科学、系统的知识，发展幼儿的逻辑思维能力。讲解需要借助直观教具的演示，演示需要使用口头语言进行解释说明。

使用讲解演示法需注意以下几点。

第一，讲解演示不是知识的灌输，应避免以教师为中心。

第二，要以幼儿为中心，将幼儿作为学习的主体。教师要注意与幼儿的互动，要与操作法、探索发现法等结合使用，尽可能地让幼儿多种感官感受教师的演示过程，让幼儿积极思考。

第三，演示的教具要直观、美观、形体较大，并是幼儿熟悉的，避免因教具新奇而分散幼儿的注意力。

第四，讲解时语言要准确、生动、形象、通俗易懂。

第五，讲解时要突出重点。

以上五种方法是幼儿园数学教育中常用的方法，这些方法密切联系，互为补充。在进行幼儿园数学教育活动中，能否科学、合理、灵活地运用教育方法，直接影响着幼儿数学学习兴趣的培养、数学思维能力的发展、数学知识的掌握，以及幼儿个性心理品质的形成。

● 知识拓展 ●

数字资源 1-3-2：布鲁纳的发现学习理论

● 任务迁移 ●

请你收集幼儿园小班、中班、大班的数学教材，选择感兴趣的内容，并思考采用哪种教学方法进行教学。

表 1-3-4   幼儿数学教育内容记录表

活动名称	
年龄阶段	
活动目标	
活动过程	活动方法

任务巩固

表 1-3-5　幼儿园数学教育的方法要点回顾

知识与能力要点	掌握程度	学习建议
操作法	☆☆☆☆☆	理解　运用
游戏法	☆☆☆☆☆	理解　运用
比较法	☆☆☆☆☆	理解　运用
探索发现法	☆☆☆☆☆	理解　运用
讲解演示法	☆☆☆☆☆	理解　运用

思考与练习

1. 幼儿园数学教育有哪几种基本方法？
2. 结合幼儿园数学教育实际，收集使用每种教育方法的实例。

模块小结

　　幼儿园数学教育的基础理论是幼儿数学活动设计与指导中的一个重要奠基部分，本模块在对数学的本质与特点、幼儿的数学学习进行分析的基础上，明确了幼儿园数学教育的目标、内容和方法。

　　本模块的重难点是幼儿园数学教育的目标、内容和方法在幼儿园数学教育活动中的应用，通过本模块的学习，学习者能对幼儿园数学教育活动有一个宏观的认识，并且建立较为科学的幼儿园数学教育理念。

教师资格直通车

扫码查看答案

一、单选

1. 数学所描述的是（　　）。

A. 事物自身的特点　　　　　　　　B. 事物间的关系

C. 事物的数量特征　　　　　　　　D. 事物的存在形式

2. 早期数学教育的重要价值在于培养儿童基本的（　　）。

A. 数学能力　　　B. 数学知识　　　C. 数学素养　　　D. 数学方法

3. 小班幼儿往往能说出家里有爸爸、妈妈、爷爷、奶奶、自己，但却不容易说家里一共有几个人，这说明幼儿获得数学知识的过程是（　　）。

A. 从具体到抽象　　　　　　　　　B. 从同化到顺应

C. 从外部动作到内化动作　　　　　D. 从不自觉到自觉

4. 整个幼儿时期，占主导地位的思维类型是（　　）。

A. 直觉行动思维　　　　　　　　　B. 具体形象思维

C. 抽象逻辑思维　　　　　　　　　D. 辩证逻辑思维

5. 幼儿心理发展的总趋势包括（　　）。

①从简单到复杂　　②从具体到抽象　　③从被动到主动　　④从零散到体系

A. ①④　　　　　B. ①②③　　　　C. ①③④　　　　D. ①②③④

6. 数学中的"1"，它可以表示 1 个人、1 条狗、1 辆汽车、1 个小圆片等任何数量是"1"的物体。这表明数学具有（　　　）的特点。

A. 抽象性　　　　B. 逻辑性　　　　C. 精确性　　　　D. 应用性

7. 幼儿在数学学习中只关注自己的动作，而不能与同伴产生有效的合作和交流，这反映了此时幼儿学习数学具有（　　　）。

A. 外部动作的心理特点　　　　B. 不能顺应的心理特点

C. 不自觉的心理特点　　　　　D. 自我中心的心理特点

8. 学前儿童数学教育研究范围主要是（　　　）的儿童。

A. 0—6 岁　　　B. 3—6 岁　　　C. 2—7 岁　　　D. 3—5 岁

9. 对于学前阶段的数学启蒙教育而言，其首要任务是（　　　）。

A. 发展幼儿初步的逻辑思维能力和解决问题的能力

B. 为幼儿提供和创造促进其数学学习的环境和材料

C. 培养幼儿对数学的兴趣和探究欲

D. 促进幼儿对初浅数学知识和概念的理解

二、简答

1. 幼儿园数学教育的总目标包括哪些内容？

2. 对幼儿进行数学教育为什么要依照发展幼儿思维结构的原则？

3.（2014 年上半年）茵茵已经上了中班，她知道把两个苹果和三个苹果加起来，就有五个苹果。但是问她 2 加 3 等于几，她直摇头。请结合案例简述中班幼儿数学学习的思维特点及对教育的启示。

三、论述

1. 试述幼儿思维发展为他们学习数学知识提供了什么样的逻辑准备。

2. 简述幼儿园数学教育的任务。

四、材料分析

3 岁的佳佳嘴里顺口就能说出"1、2、3、4、5、6、7、8、9、10"，就像在说顺口溜，可是真正拿一些物体让她数，她总是手指乱点。请结合所学知识分析为什么会出现这种情况。幼儿是如何学习数学的呢？

五、活动设计

设计一个教中班幼儿对物体进行分类的活动，需指导幼儿从两个维度对物体进行分类。

模块二
幼儿集合与模式的教育

学习导言

　　"纸上得来终觉浅，绝知此事要躬行。"要坚持理论和实践相结合，注重在实践中学真知、悟真谛，加强磨炼，增长本领。因此，幼儿园教师既需要掌握学科基础知识、幼儿发展知识，也需要掌握幼儿园教学知识，具备幼儿园教学设计与组织能力，做到理论与实践相结合。

　　集合是现代数学的一个最基本的概念，在当代数学教育改革中，重视集合概念的教学已成为一个重要的趋势。让幼儿感知集合，主要是在数学教育中渗透集合的观念，将集合、元素及集与子集的关系渗透到数学教育内容中，为幼儿学习数数、理解数的实际意义奠定基础。模式是幼儿早期数学认知能力的重要组成部分，识别、复制、扩展、创造模式的能力是幼儿认知发展的要素。集合与模式的学习有助于发展幼儿逻辑思维能力、推理能力、问题解决能力、数学认知能力，促进幼儿抽象数学概念的获得。

学习目标

　　1. 坚持"幼儿为本"的思想，在幼儿园数学教育中落实立德树人根本任务。

　　2. 掌握集合、模式的基础知识，了解幼儿集合、模式概念发展的一般过程与特点。

　　3. 熟悉幼儿集合、模式概念教育的核心经验和发展路径。

　　4. 理解并掌握幼儿集合、模式教育活动的设计与组织的基本要求，能根据教学内容及幼儿的特点设计并组织相应的数学教学活动。

学习任务单

表 2-1　幼儿集合与模式的教育学习任务单

姓名		班级		学习时间	
序号	任务描述				
1	通过阅读教材、查阅资料，了解常见的分类标准有哪些，并举例说明。				
2	通过阅读教材、查阅资料，列表梳理幼儿集合、模式学习的核心经验。				
3	观摩一个幼儿园集合教育活动，记录该活动的活动过程，尝试评价该活动。				

续表

学习建议	1. 阅读教材并查阅相关内容，查阅时注意从不同角度进行解释。 2. 可以在表 2-3 听评课记录表中完成第 3 个任务，评价时参照表 2-2 的教学活动评价指标。	
任务完成 （可粘贴）		
学习效果简评	评价人	□自己。 □同伴。 □教师。
	评价内容	□能从不同角度查阅资料进行预习，并有自己的理解。 □能从不同角度查阅资料进行预习，但没有加工。 □能从书本中查阅相关内容。 □仅凭个人理解。 □没有预习。

说明：第 1、2 个任务均可以用图片、文字、图表等形式表征学习过程和学习结果。第 3 个任务可以是对收集的优质教学视频的观摩记录，也可以是对幼儿园实地观摩的记录。

表 2-2 教学活动评价指标

活动名称			
内容	评价标准	分值（分）	得分
仪表仪态	1. 表情自然，有亲和力； 2. 行为举止大方； 3. 衣饰得体，符合幼儿教师的职业特点。	15	
言语表达	1. 教学语言准确、规范； 2. 表达流畅、生动、具有感染力； 3. 讲解简洁、清晰、语速适宜； 4. 提问具有启发性。	25	
活动实施	1. 活动结构严谨，层次清晰； 2. 活动节奏合理，活动目标基本达成； 3. 根据幼儿特点和认知规律，恰当地选择活动方法； 4. 环节过渡自然； 5. 环境创设科学，材料运用恰当； 6. 具有对象意识，能体现师幼互动。	45	
思维品质	1. 思维严谨，条理清晰，逻辑性强； 2. 教育机智灵活，能够根据教学情境调节教育行为； 3. 体现先进的教育理念，具有一定的创新意识。	15	

表 2-3 听评课记录表

评课人		班级		学号	
时间		地点		领域	

续表

授课人		活动名称	
活动目标			
活动过程		活动反思	
评语			

单元一　幼儿集合的教育

任务一　幼儿集合的核心经验

● 任务导览 ●

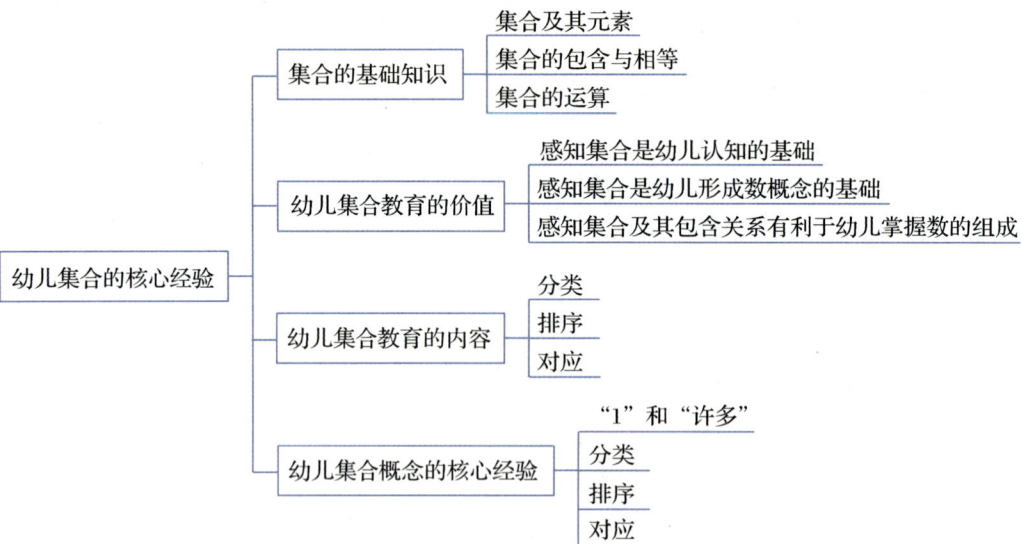

图 2-1-1　幼儿集合的核心经验思维导图

● 任务探寻 ●

请观察幼儿以下几种活动的具体表现，选择典型事件进行记录，并尝试对幼儿的表现进行评价。

表 2-1-1 幼儿集合活动的观察记录

观察任务	年龄阶段	事件记录	评价
认识"1"和"许多"活动			
分类活动			
排序活动			
对应活动			

说明：对照不同年龄阶段幼儿集合概念的核心经验，评价该幼儿集合概念的发展水平。1 表示很少做到；2 表示模仿做到；3 表示经常做到；4 表示熟练做到。

● 知识任务 ●

近些年来心理学家和教育工作者的研究表明，幼儿数概念的形成源于对物体的分类、排序和比较。幼儿学习对物体进行分类、排序和比较多少是学习认数和计算的基础，也是发展幼儿思维能力的重要途径。

▶▶ 一、集合的基础知识 >>>>>>>>

(一)集合及其元素

在数学中，把具有某种相同属性的事物的全体称为集合。集合中的每个对象叫作这个集合的元素。幼儿在生活中，会接触到各种各样的集合。例如，小班的所有幼儿组成一个集合，其中，每个幼儿是这个集合的元素；盘子里的 5 个苹果也组成了一个集合，每一个苹果都是这个集合的元素。

集合的表示方法一般有三种。

描述法。把集合中所有元素的共同属性以文字或数学表达式的方式描述出来写在大括号里表示集合的方法叫描述法。例如，$A=\{$小于 5 的整数$\}$，或者是 $A=\{x\in\mathbf{Z}\mid x<5\}$。

列举法。把集合中的元素一一列举出来写在大括号里表示集合的方法叫列举法。例如，10 以内的全体单数的集合 A 可以表示为 $A=\{1，3，5，7，9\}$。

图示法。图示法又称韦氏图法、韦恩图法，一般用平面上的矩形或圆形表示一个集合，是集合的一种直观的图形表示法。如图 2-1-2，表示 5 的自然数集合。

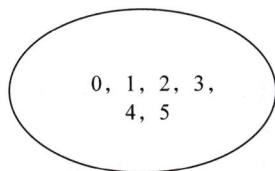

图 2-1-2 5 的自然数集合

集合具有以下三个特点。

第一，确定性。一个集合中的元素必须是确定的，如果给定一个集合，那么就可以判断任何一个对象是不是这个集合的元素。例如，给定由小于 5

的所有自然数组成的集合，我们可以判断 4 是这个集合的元素，而 7 不是这个集合的元素。

第二，唯一性。一个集合中的元素必须是互异的，相同的对象归入一个集合时，只能算作这个集合的一个元素。

第三，无序性。一个集合中的元素的顺序无论怎样变动，仍表示同一个集合。

根据集合中元素个数的情况，集合分为有限集合和无限集合。由有限个元素组成的集合叫作有限集合，由无限个元素组成的集合叫作无限集合。

(二)集合的包含与相等

如果集合 B 中的每一个元素都是集合 A 中的元素，我们就说集合 A 包含集合 B，或集合 B 包含于集合 A，并且称集合 B 是集合 A 的子集，如图 2-1-3 所示。例如，"星星幼儿园小一班男生"是"星星幼儿园小一班幼儿"的子集。

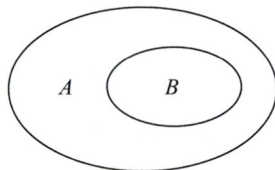

图 2-1-3　集合的包含与相等图示

如果两个集合的所有元素是完全相同的，例如 $A=\{1，3，5，7，9\}$，$B=\{10$ 以内的单数$\}$，则 $A=B$，A 与 B 两个集合是相等关系。

(三)集合的运算

集合与集合之间可以进行运算，即交集、并集、补集等运算。

由所有集合 A 与集合 B 的公共元素组成的集合 C，称为 A 与 B 的交集，如图 2-1-4 所示。在进行多角度分类时，往往会发现，在两种不同类的物体当中，还存在具有共同特征的物体。

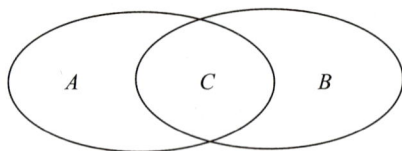

图 2-1-4　集合的运算图示

由集合 A 与集合 B 的所有元素组成的集合 C，称为 A 与 B 的并集。由集合 A 中不属于集合 B 的所有元素组成的集合 C，称为集合 B 的补集。

▶▶ 二、幼儿集合教育的价值 ＞＞＞＞＞＞＞

(一)感知集合是幼儿认知的基础

大部分心理学家承认，幼儿学会精确计数之前存在着数的整体知觉，即幼儿认识数是从对数的整体知觉开始的。俄罗斯教育家列乌申娜认为："儿童在最初形成的是关于元素的含糊的数量概念，而后是关于作为统一整体的集合的概念。在这个基础上发展对集合比较的兴趣和更准确地确定集合中元素数量的兴趣；以后儿童就能掌握计数的技巧和数的概念。"❶

幼儿学习计数之前就存在对集合的认识，对幼儿进行感知集合的教育能够促进其认知的发展。

(二)感知集合是幼儿形成数概念的基础

感知集合及其元素，是计数的前提。幼儿学会按物点数，正确地说出总数，是幼儿形成初步数概念的标志。但在幼儿学会计数之前往往经过一个手口不一致的点数阶段，这种还不能把自然数列集合的元素与被数物体集合的元素建立起一一对应关系的现象，说明幼儿还缺乏对集合元素的感知，缺乏对两个集合间元素的对应比较。只有先让幼儿对集合中元素进行确切感知和学会用一一对应的方法比较两个具体的集合中的元素，并在比较的基础上确定它们的相等与不等之后，幼儿才开始对计数活动感兴趣，才能建立起抽象的数词与手点的物体间的一一对应关系，从而学会计数，形成初步的数概念。

(三)感知集合及其包含关系有利于幼儿掌握数的组成

在自然数的系列中，每一个数都包含在它的后继数里边，即 1 包含在 2 里，2 包含在 3 里。在数出一组物体的数目时，幼儿要在头脑中把它们放进一种类包含关系之中。如果不知道最后数到的数包含了全部所数的物体，没有类包含的逻辑观念，就不能把握好整体与部分的关系，因而也就不能掌握数的组成。

集合具有包含关系，例如，动物的集合包含了水中动物集、陆上动物集和天上飞禽集等。让幼儿感知集合的包含关系，可以帮助幼儿从包含关系上理解数目，从而为数的组成和加减运算的理解打下基础。

数的组成实质是总数与部分数间的等量关系以及部分数之间的互补和互换的关系。两个相等或不相等的子群又以互补和互换的相互关系统一在一个总数之中。这种总数与部分数的关系也可称之为数群与子群的关系。

▶▶ 三、幼儿集合教育的内容 >>>>>>>

(一)分类

分类就是把具有相同特征的物体归并在一起。当幼儿把具有相同特征的物体归并在一起进行分类时，也就形成了某种物体的集合。幼儿学习分类的过程就是感知集合的过程，同时，分类是计数的必要前提。例如，要回答班级里有多少个女生的问题，就必须将女生从幼儿中分出来，在这个基础上再数一数一共有多少个女生。这就要求幼儿对物体先进行分类，再计数它的

❶ 列乌申娜. 学前儿童初步数概念的形成[M]. 曹筱宁，成有信，朴永馨，译. 北京：人民教育出版社，1982：23-24.

数量。

我们常从物体属性的角度或思维的角度进行分类。

1. 从物体属性的角度进行分类

（1）按照物体的名称分类，即把相同名称的物体放在一起。

（2）按照物体的外部特征分类，即按物体的颜色、形状等分类。

（3）按照物体量的差异分类，即按照物体的大小、长短、粗细、厚薄、宽窄、轻重等量的差异分类。

（4）按照物体的用途分类，即按蔬菜类、水果类、文具类、家具类等分类。

（5）按照物体的材料分类，即按塑料的、金属的、玻璃的等不同材质分类。

（6）按照物体的数量分类，即把相同数量的物体放在一起。

（7）按照事物之间的对应关系分类，例如，火柴和蜡烛分为一类，医生和患者分为一类等。

（8）按照事物的其他特征分类，例如，在幼儿分类活动中，可以引导幼儿观察并找出事物的其他特征与属性进行分类；在很多娃娃的图片中，可以按照娃娃的表情、性别、姿势等进行分类。

2. 从思维的角度进行分类

（1）按照事物的一维特征分类

一维特征分类即按照物体的某一种属性或特征进行分类，例如，把图 2-1-5 中大小、颜色、形状不同的图形按一维特征形状进行分类，可以分成图 2-1-6 所示的两类：一类是圆形，另一类是三角形。也可以按大小或按颜色来分类。

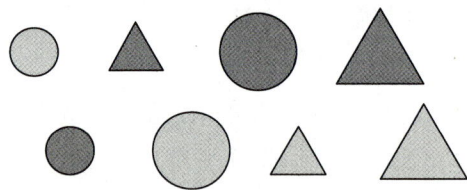

图 2-1-5　大小、颜色、形状不同的图形　　　图 2-1-6　按形状分类

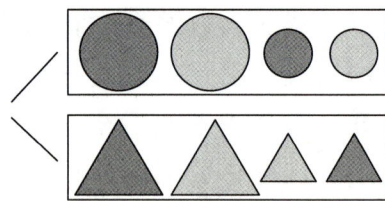

（2）多角度分类

多角度分类也称多元分类或多维度分类，即分别从不同角度出发，根据不同的分类标准对物体进行不同的分类。例如，对图 2-1-5 中大小、颜色、形状不同的图形进行分类，可以先按颜色分类（图 2-1-7），然后按形状分类（图 2-1-8）。

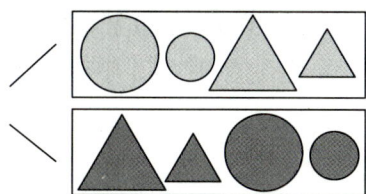

<table>
<tr><td>图 2-1-7　按颜色分类</td><td>图 2-1-8　按形状分类</td></tr>
</table>

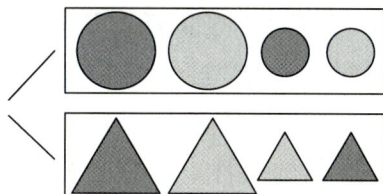

（3）按层级进行分类

对物体进行层级分类，即连续地按照物体的不同属性或不同关系进行分类。幼儿的层级分类活动一般只有 2—3 级，即教师引导幼儿进行一次分类后，再继续启发幼儿观察某类中的物体显示出来的不同特征，然后再按该物体表现出的不同特征进行第二次分类……例如，对图 2-1-5 中大小、颜色、形状不同的图形进行分类，先按颜色分成浅色的一类、深色的一类，接着将浅色图形再按照形状分成圆形的一类、三角形的一类，同时将深色的一类也按形状分成两类，如图 2-1-9 所示。之后可以将得到的四类图形按照大小不同继续分类，构成一级一级的分类关系。

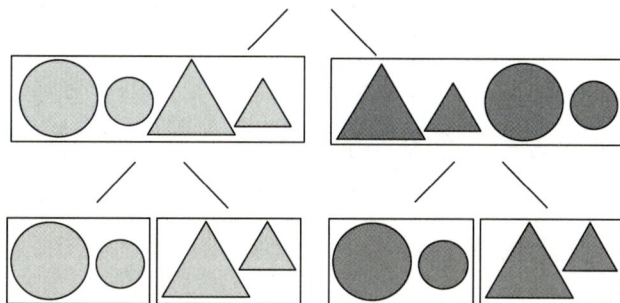

图 2-1-9　按层级进行分类

（4）按二维（或以上）特征分类

所谓二维特征，是指事物同时具备的两种特征。如果幼儿要按照二维特征来分类，就要同时掌握两种分类特征。例如，根据"大的且是黄色的图片""大的且是圆形的图片"或"黄色的圆形的图片"等特征来分类。例如，对图 2-1-5 中大小、颜色、形状不同的图形按二维特征分类时，需要幼儿同时考虑颜色和形状两种特征，把浅色的、圆形的图形归并在一起，把深色的、三角形的图形归并在一起，使归并在一起的图形，既有颜色方面的相同特征，又有形状方面的相同特征，如图 2-1-10 所示。

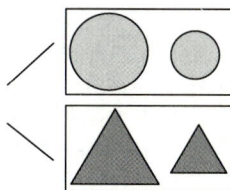

图 2-1-10　按二维特征分类

按二维（或以上）特征分类是指按照事物同时具备的两种（或以上）特征作为分类的标准进行分类。例如，将"大的且黄色的图片"归并在一起，属于二维分类；如将"大的且黄色的圆形图片"归并在一起，既有颜色方面的共性，又有大小、形状的共性，这属于三维分类。

（二）排序

排序指的是将两个以上物体，按某种特征的差异或一定的规律排序。幼儿排列活动可分为三个层次：按任意规则排成一队、按某种量的差异排序、按某种模式排列。例如，按照从矮到高（或从高到矮）的顺序将大一班幼儿排成一队；又如，按"男女男女"模式排列等。排序的方式会影响幼儿对集合及其元素的感知。

排序是促进幼儿判断和推理能力发展的一项重要活动。排序是贯穿在幼儿数与数序概念的认识与比较、量与量的差异的认识与区分等教学活动中的一项重要的操作活动。

（三）对应

对应就是两个集合中的元素按照某种规则建立起来的一种联系。例如，某幼儿园中班所有的幼儿与他们身高的数值之间建立起来的联系，就是一个从幼儿到数值的对应。

对应可以是一个对一个，也可以是一个对多个，还可是多个对一个。

如果集合 B 中的每一元素在集合 A 中也有唯一的元素与之对应，这样的对应叫一一对应。幼儿常用的对应比较的方法有重叠法、并放法、连线法。

▶▶ 四、幼儿集合概念的核心经验 ＞＞＞＞＞＞＞＞

（一）"1"和"许多"

认识"1"和"许多"的活动一般在小班开展，其核心经验包括以下三个方面：

1. 能区分1个物体和许多个物体。

2. 感知并体验"1"和"许多"之间的关系。知道1个、1个……合起来是许多，许多可以分成1个、1个……

3. 能在日常生活中运用"1"和"许多"等词汇表达事物的数量关系。

（二）分类

幼儿分类的核心经验如表2-1-2所示。

表 2-1-2　幼儿分类的核心经验

年龄阶段	小班	中班	大班
核心经验	1. 探索物体的特征，讲述物体的异同； 2. 一元分类； 3. 学习与分类有关的词语，如"相同""不同"。	1. 按数量分类； 2. 二元分类； 3. 学习并掌握有关的词语，如"分成""分开""合起来"。	1. 讲述出物体不具有的特征； 2. 多元分类； 3. 层级分类。

（三）排序

幼儿排序的核心经验如表 2-1-3 所示。

表 2-1-3　幼儿排序的核心经验

年龄阶段	小班	中班	大班
核心经验	1. 能按大小、长短、高矮差异对 3—4 个物体进行"正向排序"和"逆向排序"； 2. 能按先后顺序排序。	1. 能按大小、长短、高矮、粗细等差异对 7 以内的物体进行"正向排序"和"逆向排序"； 2. 能对 7 以内数量进行"正向排序"和"逆向排序"。	1. 能按大小、长短、高矮、粗细、厚薄、宽窄等差异对 10 以内的物体进行"正向排序"和"逆向排序"； 2. 对 10 以内数量进行"增排序"和"减排序"。

（四）对应

小班：

1. 学习用一一对应的方法比较两组物体数量（数量在 5 个以内）的多少，知道哪组多，哪组少，或是一样多。

2. 会用"一样多""不一样多""多""少"等词语表示两组物体数量比较的结果。

中班：

进一步用一一对应的方法比较不同类物体或圆点的多少（数量在 10 个以内）。

大班：

1. 观察两个集合的对应关系，能说出其中的对应法则。

2. 学习不受物体大小、排列形式的影响，比较两组物体数量是相等或不相等。

● 知识拓展 ●

数字资源 2-1-1：围棋与儿童数学学习

● 任务迁移 ●

对生活中常见的物品进行分类、排序等操作。加强对分类、排序材料的敏感性。

表 2-1-4　生活中物品的分类、排序操作

物品	操作方法	分类/排序类型	适用年龄
（请粘贴照片）			

● 任务巩固 ●

表 2-1-5　幼儿集合的核心经验要点回顾

知识与能力要点	掌握程度	学习建议
分类的类型	☆☆	识记
幼儿分类的核心经验	☆☆☆☆	理解　识记　运用
幼儿排序的核心经验	☆☆☆☆	理解　识记　运用

● 思考与练习 ●

1. 什么是集合？
2. 什么是分类？
3. 幼儿分类的核心经验有哪些？
4. 幼儿排序的核心经验有哪些？

任务二　幼儿集合的发展路径

● 任务导览 ●

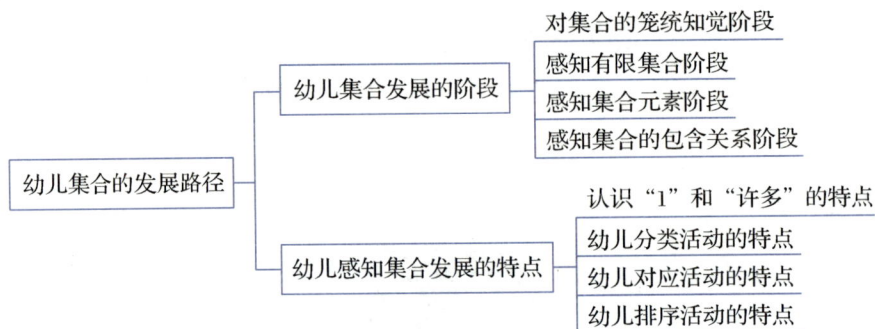

图 2-1-11　幼儿集合的发展路径思维导图

● 任务探寻 ●

　　幼儿的分类经历了不能分类—依感知特点分类—依生活情境分类—依功能分类—依概念分类等几个阶段，体现出显著的年龄特点。自由选择 3 岁前、3—4 岁、4—5 岁、5—6 岁幼儿，对其在分类活动中的表现进行观察，并对照"幼儿分类行为的描述指标"进行记录并评估其发展等级。

表 2-1-6　幼儿分类行为的描述指标

年龄	分类行为发展标准	对所观察的幼儿的行为描述	评估等级
3 岁前	1. 不能分类。把性质上毫无联系的一些图片放在一起，不能说明分类原因。 2. 不能分类。任意把图片分成若干类，不能说出原因。		

续表

年龄	分类行为发展标准	对所观察的幼儿的行为描述	评估等级
3—4岁	1. 依据颜色、形状、大小或其他特点分类，进行一元分类。 2. 能讲述物体的异同。 3. 能根据"相同""不同""把同样的东西放在一起""找出一个和某某一样的东西"等词句进行物体操作。		
4—5岁	1. 按物体的数量进行分类。 2. 能概括物体的两个特征，进行二元分类。 3. 掌握有关词语，如"分成""分开""合起来"。		
5—6岁	1. 依据物体的功用进行分类。 2. 依据物体的内在联系进行分类。 3. 依据物体的概念进行分类。 4. 能够进行多元分类。		

评估等级说明：1很少做到；2模仿做到；3经常做到；4熟练做到。

●知识任务●

▶▶ **一、幼儿集合发展的阶段** >>>>>>>>

幼儿集合概念的发生、发展经历的是一个由泛化、笼统到精确的过程。一般分为四个阶段：对集合的笼统知觉阶段，感知有限集合阶段，感知集合元素阶段，感知集合的包含关系阶段。

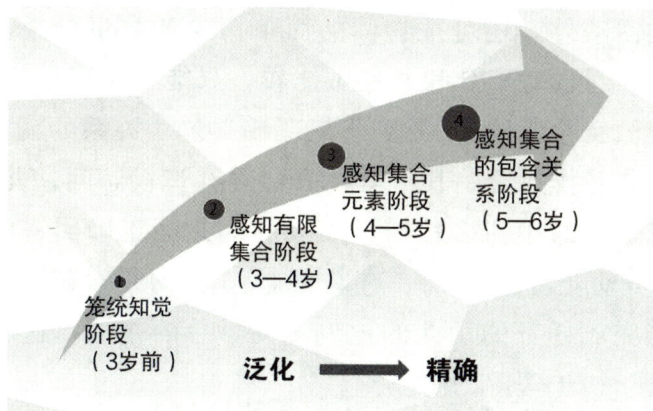

图 2-1-12　幼儿集合发展的阶段

（一）对集合的笼统知觉阶段（3岁前）

3岁前，幼儿的集合概念在发展的最初阶段是很泛化的，是一种笼统的知觉：他们不能看到集合的明显界限，也不能一个接一个地感知集合中的元素。幼儿这一时期感知的是一堆不确定的模糊不清的东西，而不是作为结构完整的统一体集合；幼儿也没有精确地意识到集合的元素数量。例如，幼儿看到很多样子相同的雪花片会很高兴，但他拿走了几个雪花片后，剩下的就忘记了。对于集合中的元素的数量减少了几个，他们是不会注意到的。这一情况在日常生活中也经常可以观察到。例如，教师让幼儿把所有的玩具都放进盒子里，他们在收了一部分皮球后就认为完成任务了，教师如果问他是否把所有玩具都收拾好了，他会回答"是"，因为他认为已经把所有的玩具都放好了。这说明幼儿还看不到集合的范围和界限。

（二）感知有限集合阶段（3—4岁）

3—4岁幼儿已能感知集合的界限，但注意力往往集中在集合的界限上，处于一种感知有限集合的前段。首先，这一阶段的幼儿，能在集合的界限以内感知集合，将集合中的元素相对应时能不超出集合界限，而且，摆列元素时逐步达到精确地——对应。例如，让幼儿给4只小猫喂食，幼儿往往只喂第一只和第四只，而不注意那些排在中间的小猫；又如在4个盘子上放桃子图片，幼儿只用桃子图片盖住了最边上的两个盘子，即第一个和第四个盘子，就认为完成任务了。原因是幼儿在感知结构完整的集合时，把注意力集中在了集合的界限上。也就是说幼儿关注的是集合的两端元素，所有中间组成元素被忽视了。

（三）感知集合元素阶段（4—5岁）

4—5岁的幼儿已能准确地感知集合及元素，他们能把一个集合的元素与另一个集合的元素——对应地摆放起来，并能初步理解集合和子集的包含关系，同时，按物体的某一特征分类的能力也提高了。他们除了能很好地完成小班的各种分类活动外，还可按物体的简单用途和数量分类。这个阶段的幼儿在直观条件下，通过对集合和子集做比较，只能初步理解它们的包含关系。我国有研究者曾做实验比较3—7岁儿童理解类包含关系的能力，他们把3只背着救生圈的小猪并排放着，其中有2只穿着红裤衩，问幼儿："背救生圈的小猪多还是穿红裤衩的小猪多？"结果4岁的幼儿能正确回答的人数只占总人数的5%，而5岁幼儿可达45%。这说明4—5岁幼儿对包含关系的理解能力发展较快，但能完成任务的幼儿的比例不高，总的来说，这个阶段的幼儿对类包含关系只处于初步理解的阶段。

（四）感知集合的包含关系阶段（5—6岁）

5—6岁儿童对集合的理解进一步提高和扩张，能理解集合的不同特征，能从不同角度认识、理解物体集合，掌握了按事物的两种特征进行分类的方法。例如，可以从一组不同颜色、不同大小、不同形状的集合图片中把红色的大的图片拿出来，或者把大的圆形的图片拿出来等。同时，这个阶段幼儿能较好地理解集合和子集的包含关系。实验表明，6岁幼儿理解包含关系的人数比例，已从5岁的45%上升到65%，他们可以理解并能按高一级的类概念要求进行分类。例如，按植物、动物等一级概念分类。对集合和子集关系的理解也更深入，大班幼儿可以懂得数的组成和加减运算中数群和子群的关系，幼儿可以在理解基础上掌握数的组成和加减运算。

对幼儿进行感知集合的教育，强调在幼儿数学教育中渗透集合的思想，目的是为幼儿学习计数和掌握初步数概念等做好准备，打好感性知识的基础，不是要求幼儿掌握关于集合的名词和术语，而是要在活动中让幼儿获得实际的体验与感知。

▶▶ 二、幼儿感知集合发展的特点 >>>>>>>>

将集合的有关概念和思想渗透、应用到幼儿数学教育中，具体涉及的教育内容主要包括四个方面：认识"1"和"许多"，分类，对应（比较两组物体的相等与不等），排序。皮亚杰认为对应关系、类包含关系、序列关系是蕴含于数学知识中的基本逻辑关系。这三类关系是学习数学的基础。由于幼儿的数学操作活动主要是运用对应、分类、排序等操作技能，因此，它们还是幼儿数学学习中进行数学操作的基本操作技能。

(一)认识"1"和"许多"的特点

幼儿在很小的时候，对数量的多少就有所感知了，例如，他们拿东西时常会去拿多的一份；某样食物吃完了，会说："我还要。"3岁的幼儿大多知道什么是1个，什么是许多。例如，他们会说"我有一辆漂亮的小汽车""我有一个大大的皮球"。还会说"妈妈买来了许多苹果"。……但他们一般不了解"1"和"许多"之间的关系，他们不知道许多是由1个、1个……合起来的，许多可以分成1个、1个……

"1"是自然数的基本单位，也是表示集合中元素数量的基本单位。"许多"是一个笼统的不确定的数量，它代表两个以上元素的集合，"许多"总是由单个元素组成的。让幼儿学习区分"1"和"许多"，目的就是要引导幼儿感知集合及其元素，学习区分和确切感知组成集合的单个元素。这些经验也是幼儿学习手口一致点数及认识10以内数的基础。

(二)幼儿分类活动的特点

分类就是把具有相同特征的物体归并在一起。分类活动是感知集合教育的重要内容。分类活动可帮助幼儿感知集合并逐步形成关于物体的集合概念。当幼儿把具有共同特征的物体归放在一起时，他们也就对这些物体集合元素有所感知了。分类是计数的前提，是形成数概念的基础。人们要了解某类物体的数量，就必须先将这类物体与其他的物体区分开来，然后才可以正确计数。

分类经验的获得有利于幼儿掌握数的组成和加减运算。幼儿在分类活动中，获得的对整体与部分关系的认识，为幼儿数的组成和加减运算学习打下了必要的基础，因为数的组成和加减运算反映的就是集与子集之间的关系，也就是总数与部分数之间的关系。分类能促进幼儿思维能力的发展。幼儿要将一组物体进行分类，需要经过辨认(分析)和归并(综合)这两个步骤。按照某一标准，对物体进行逐一辨认和比较，找出它们的相同点和不同点，这就是对问题进行分析、比较的过程。在此基础上，再将具有同一特征(即具有相同特征)的物体归并在一起，这就是综合的过程。所以说将物体进行分类，这是思维进行分析、综合积极活动的过程，是幼儿思维能力得到锻炼和发展的过程。

(三)幼儿对应活动的特点

通过比较两组物体的数量是相等还是不相等，让幼儿更好地感知、区分集合中的每一个元素。使幼儿从小就养成按组成集合的元素的数量，而不是按集合所占空间面积的大小，来确定两集合(两组物体)的数量是相等还是不相等。

通过比较两组物体的数量是相等还是不相等，可让幼儿在学习数概念的初级阶段学习用集合中的元素一一对应的方法对集合元素的数目进行比较。这种一一对应逻辑观念的建立，是幼儿数概念学习和形成的必要心理准备。例如，幼儿会用重叠和并放的方法比较两集合的数目是相等还是哪个多(或少)。

(四)幼儿排序活动的特点

序列关系是幼儿理解序数的基础。幼儿对序列关系的认识是一种建立在传递性推理基础上的逻辑观念。幼儿序列观念的发展，开始于对具体物体的排序活动。

小班幼儿能够对4个以内的物体按照它们量的差异进行排序。这种排序主要建立在直观的感知、比较的基础上，带有较多的尝试错误的性质。例如，在用雪花片完成大小排序任务时，如果雪花片的数量多于5个，对小班幼儿来说还是很困难的，尽管面对的是具体事物，他们也难以协调这么多的动作。

中班以后，幼儿逐渐能够完成更多数量的物体的排序任务，而且他们完成任务的策略也在逐渐进步。

到了大班后期，幼儿开始能够运用逻辑思维解决问题。他们每次都是找一个最大或最小的作为第一个然后依次往下排。有的幼儿能够发现，每次拿的最大或最小的雪花片必定比前面已经排好的所有的都大或都小，同时，必定比后面即将排列的所有的都大或都小。此时，幼儿已具备了初步的序列观念，但对序列关系的理解仍然离不开具体实物的支持。如果脱离了具体的操作材料，即使只有3个物体，幼儿也很难排出它们的序列。例如，当问到"红色的花比黄色的花大，黄色的花比白色的花大，那么这三朵花中，哪朵花最大"时，对于这样的问题幼儿一般会感到难以回答。

由此可见，幼儿已具备了一定的逻辑观念，这些逻辑观念虽然依赖于具体的动作和形象，但这也为他们学习数学提供了一定的心理准备。

● 知识拓展 ●

数字资源 2-1-2：幼儿集合概念发展的阶段

● 任务迁移 ●

选择 3—6 岁的幼儿一名，对其分类、排序等方面的表现进行观察记录，增进对幼儿集合概念学习特点和规律的认识。

表 2-1-7 _____班幼儿观察记录表

幼儿姓名		观察人	
观察时间		观察地点	
观察目的			
观察方法			
观察实录			
分析说明			
发展支持			

● 任务巩固 ●

表 2-1-8　幼儿集合的发展路径要点回顾

知识与能力要点	掌握程度	学习建议
幼儿集合概念的发展过程	☆	理解
幼儿集合概念的年龄特点	☆☆	理解　运用

● 思考与练习 ●

1. 幼儿集合概念发展的一般过程是什么？
2. 幼儿集合概念的年龄特点是什么？

任务三　幼儿集合的教育

任务导览

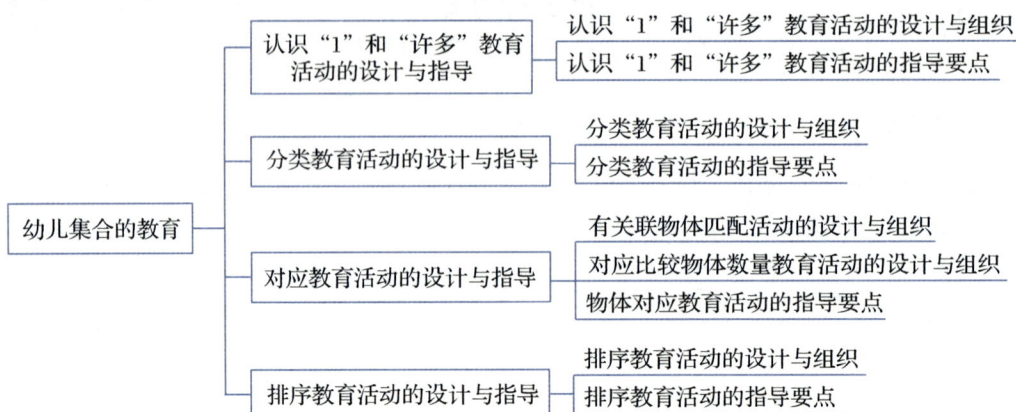

图 2-1-13　幼儿集合的教育思维导图

任务探寻

阅读以下活动设计，请判断其属于数学教育活动中哪一具体内容，尝试分析此类活动设计具有怎样的特点或要点。

表 2-1-9　"饼干专卖店"教学活动设计

活动名称	饼干专卖店。
活动对象	小班幼儿。
活动目标	1. 学习将图形片按颜色或形状分类摆放； 2. 按图形片的颜色和形状特征进行配对，并学习命名； 3. 体会参与集体游戏活动的快乐。
活动准备	红黄蓝 3 种颜色标记；圆形、正方形和三角形 3 种形状的图片标记；3 个娃娃，身上分别有颜色和形状的标记。
活动过程	一、商店进货 1. 教师和幼儿共同商议玩"开饼干商店"的游戏。请幼儿布置货架。 2. 幼儿观察自己的小筐里有哪些饼干。看看讲讲，如三角形的饼干、红色的饼干，等等。 3. 按筐前出现的颜色标记，请一部分幼儿把饼干分送到三个筐子里，边送边说，如"我把红色的饼干送到红色标记的筐子里""我把蓝色的饼干送到蓝色标记的筐子里"。 4. 按筐前出现的形状标记，请另一部分幼儿把饼干分送到三个筐子里，边送边说，如"我把圆形的饼干送到圆形标记的筐子里""我把正方形的饼干送到正方形标记的筐子里"。 二、介绍饼干 1. 幼儿当售货员，介绍饼干。幼儿拿一个颜色标记筐里的饼干进行介绍，如"要买红色的饼干到我这里来！"教师可以帮助补充："要买红色的饼干到这里来，也可以挑选你自己喜欢的形状。因为这里有红色的饼干，但当中又有不一样的形状。" 2. 幼儿拿一个形状标记筐里的饼干，介绍这是哪种形状的饼干，如"要买正方形的饼干到我这里来！"教师可以帮忙补充："要买正方形的饼干到这里来，也可以挑选你自己喜欢

续表

活动过程	的颜色。因为这里有正方形的饼干，但当中又有不一样的颜色。" 3. 幼儿当顾客去购买饼干。 （1）买两块不一样的饼干。（让幼儿挑选，并让大家看看讲讲，这两块饼干什么地方不一样。） （2）买两块相同的饼干。（让幼儿挑选，并让大家看看讲讲，这两块饼干什么地方一样。） （3）出示 3 个娃娃玩具（身上有标记），让幼儿给它们买最喜欢吃的饼干，先看看、说说它们各自喜欢吃的饼干。例如，红色的圆形饼干、黄色的正方形饼干、蓝色的三角形饼干。然后分组为 3 个娃娃买饼干。

⊙ 知识任务 ⊙

幼儿感知集合的教育是指在不教给集合术语的前提下，让幼儿感知集合及元素，学会用对应的方法比较集合中元素的数量，并将有关集合、子集及其关系的一些思想渗透到整个幼儿数学教育的内容和方法中。主要分为四类：认识"1"和"许多"、物体分类、物体对应、物体排序。

▶▶ 一、认识"1"和"许多"教育活动的设计与指导 ＞＞＞＞＞＞＞

（一）认识"1"和"许多"教育活动的设计与组织

1. 通过观察比较，区分 1 个和许多个物体

区分"1"和"许多"是幼儿认识"1"和"许多"的第一步。教师可以先选用数量分别为 1 个和多个的实物教具来引导幼儿观察比较。例如，让幼儿观察一个石子和多个石子，一条鱼和许多条鱼等。让幼儿区分"1"和"许多"时还应学会用"1"和"许多"进行数量表达。

2. 运用多感官体验法，感知"1"和"许多"

引导幼儿通过看（视觉）、听（听觉）、摸（触觉）、动（运动觉）感知"1"和"许多"。各种感觉互相配合，有助于各器官之间建立联系，使幼儿能更好感知、认识"1"和"许多"及其关系。例如，请幼儿听一听教师敲了 1 下小铃，还是许多下小铃。又如，教师让幼儿听到小猫叫 1 下，幼儿就拍 1 下手，听到小猫叫许多下，就拍许多下手。

3. 通过环境寻找法，加深对"1"和"许多"的认识

教师可以预先将各种数量为"1"和"许多"的用品、玩具摆放在活动室，还可以选择含有数量为"1"和"许多"的内容的图画张贴在活动室的墙面等。让幼儿在教师预设的一个充满着数量为"1"和"许多"的对象的环境中观察和寻找。例如，幼儿可以找到教室里有 1 个教师和许多个小朋友；教室里有 1 架钢琴，有许多把小椅子等。

教师也可以利用自由活动、散步、参观、郊游等各种时机，引导幼儿观察和寻找存在于自然环境中的、数量为"1"和"许多"的物体。

4. 通过游戏操作法，巩固对"1"和"许多"关系的理解

教师采用游戏的形式，引导学前儿童学习"1"和"许多"，感知和体验"1"和"许多"之间的关系。

例如，游戏"我拿1个玩具"：教师出示1只大篮子，里面放着许多玩具（玩具数量与幼儿人数相等）。教师请幼儿说说，篮子里面有什么，有多少玩具。请每个幼儿从篮子里拿1个玩具，要求他们一边拿一边说："我拿了1个玩具。"全部玩具拿完后，请幼儿看一看篮子里还有玩具吗。"篮子里一个玩具也没有了，变成空篮子了。"即"0"表示空集合。

（二）认识"1"和"许多"教育活动的指导要点

1. 运用多种感官，启发幼儿观察比较

教学中要尽可能地调动幼儿的多种感官，如视觉、听觉、触觉、运动觉等来体验、区分"1"和"许多"。

例如，教师可以通过敲铃鼓，让幼儿听听铃鼓响1次还是响许多次；让幼儿摸摸袋子里有1个雪花片还是有许多个雪花片；让幼儿拍1次手和拍许多次手；让幼儿学小青蛙跳1下和跳许多下等。

2. 先认识和区分"1"和"许多"，再学习和理解"1"和"许多"之间的关系

在"1"和"许多"的教学过程中，要遵循幼儿认知发展的规律。先引导幼儿认识什么是"1"，什么是"许多"（2个或2个以上的都可以称为许多）。然后再引导幼儿区分什么东西是"1"个，什么东西是"许多"个。最后让幼儿逐步学习和理解"1"和"许多"之间的关系，即"许多"的物体可分成"1个、1个"的，把"1个、1个"物体合在一起就变成"许多"。

3. 多种方式相结合帮助幼儿理解"1"和"许多"之间的关系

教师可以在日常生活、游戏活动或集体数学教学等多种情境中引导幼儿学习、区分"1"和"许多"，并理解"1"和"许多"之间的关系。

▶▶ 二、分类教育活动的设计与指导 ＞＞＞＞＞＞＞

分类是把相同的或具有某一共同特征（属性）的东西归并在一起。幼儿在学习分类的过程中感知、理解集合及其元素。分类活动是幼儿数概念形成以及正确计数的基础，同时，分类活动的过程能促进幼儿分析、比较、观察、判断、综合等思维能力的发展。因此，分类是幼儿园数学教育中的一项重要内容，在不同的年龄阶段，应以不同的活动途径和形式体现和渗透其内容。

（一）分类教育活动的设计与组织

1. 小班分类教育活动的设计与组织

（1）学习按物体名称分类，初步形成"类"的印象

教师可以根据幼儿的生活经验，选择诸如皮球、纽扣、积木等幼儿熟悉的物体，通过多种方式引导幼儿动手将相同名称的物体摆在一起，使幼儿在亲自感受和体验的过程中，形成"类"的印象。

教师可先从一堆物体中拿出一个物体，说出它的名称，讲明按什么要求分类。同时，要使幼儿理解"把一样的东西放在一起"的含义。例如，教师在小盒里拿出"红色"纽扣问："我拿的是什么东西?"幼儿回答："纽扣。"教师把纽扣放在红色小盒里，再让幼儿把红纽扣一个一个放在红色小盒里。

（2）学习感知和辨认分类对象的特征和差异

教师可以借助幼儿认识物体相同名称的经验，引导幼儿仔细观察物体，启发幼儿发现物体的特征差异（形状、颜色、大小、长短、高矮等），为进一步的归类活动做准备。在幼儿感知理解分类含义之后，教师可加大难度，让幼儿把"绿色""黄色""蓝色"等纽扣分别放在对应颜色的小盒里。

（3）在情境游戏中学习分类

在幼儿对物体的颜色、大小、形状、高矮、长短等特征和差异有一定观察、比较、辨别后，教师可以通过创设游戏情境，引导幼儿按照某一个特征进行分类。

2. 中班、大班分类教育活动的设计与组织

中班、大班的分类教育活动主要是引导幼儿对物体进行多角度、多层级分类和引导幼儿同时按照物体的两种特征进行分类。

（1）多角度分类设计活动的设计与组织

首先，学习多角度观察物体特征，为多角度分类打下基础。

充分利用身边资源，有意识地启发幼儿从不同角度观察比较物体。例如，启发幼儿从材料、名称、玩法等不同角度对班级里的玩具进行观察比较。幼儿通过从不同角度观察、比较物体而获得对物体多面性的初步感受和领悟是幼儿灵活地确定分类标准、对物体进行多角度分类的重要基础。

其次，提供适宜材料，逐步引导幼儿对物体进行多角度分类。

教师运用幼儿熟悉的操作材料，启发引导幼儿进行多角度分类。例如，教师可以利用幼儿的衣服和帽子，启发幼儿从形状、长短、花纹、颜色等不同角度对不同的衣服或帽子进行观察和比较。教师还可以选一些幼儿进行比较，引导幼儿从高矮、性别、服装等不同角度进行观察和比较，让他们感受同一组物体的不同特征，学会按不同的特征进行分类。

最后，逐步引导幼儿学习运用分类标记。

标记是一种符号，是表示特征的记号。幼儿认识和学习运用标记有助于他们更加明确分类标准，表达分类结果，促进他们的抽象性思维和创造力的发展。分类标记通常是用色彩表示颜色特征，用图形轮廓线表示形状特征。

除了幼儿经常使用的标记外，应支持和鼓励中班、大班幼儿自己设计标记，培养其创作意识和能力。

（2）多层级分类活动的设计与组织

教师可以在中班后期和大班开展多层级分类活动。刚开始学习多层级分类时，幼儿的多层级分类活动一般只设计到二级，即教师引导幼儿进行一级分类后，再继续启发幼儿观察某类物体显示出来的不同特征，然后再按该类物体所表现的不同特征进行第二级分类。

（二）分类教育活动的指导要点

1. 充分利用自然条件和日常生活情境

分类往往与幼儿日常生活密切联系，幼儿的分类教育不应只局限在15—30分钟的集体教学中，而应当把分类渗透到幼儿日常生活中，让幼儿在社会生活中，潜移默化地、随时随地地加以运用。例如，在每次游戏结束后，让幼儿收拾玩具，按玩具的种类分别整理放好；午睡时，引导并要求幼儿将被子、衣服、小椅子等分类整理好，放在固定的地方。这些涉及分类要求的活动不仅训练了幼儿分类的能力，也培养了幼儿做事的条理性和良好的生活习惯。

2. 精心选择和投放材料

在分类教育活动中，材料的选择和投放十分重要，这当中隐含了分类的标准及教师对幼儿的启发引导。教师在选择和投放材料时需要注意以下几点。

（1）材料要物化教育目标，具有目的性

不同的分类活动对材料有不同的要求。教师要注意选择和整理材料，最好事先能尝试操作，并对活动情况进行预测，使材料的种类、数量、整体结构能满足幼儿思维和操作的需要，从而达到活动的要求。

（2）材料要具有针对性和层次性

材料是幼儿主动建构知识的载体，在投放材料时既要考虑到幼儿的年龄特点，又要兼顾个体差异。由于数学教育活动目标层级的丰富性，活动材料在准备上也应体现数学教育目标的层次性、多元性。在层次性上要适合幼儿的发展水平，观察幼儿的"最近发展区"，为发展水平不一样的幼儿提供功能不同、难度不同的材料，使不同层次的幼儿能够积极动手操作、主动进行探索，从而有效地促使每一名幼儿都在原有的基础上得到发展。

首先，不同年龄班材料的种类和数量要求不同。幼儿年龄越小，所提供材料的类别以及同一类材料的数量应该越少，随着幼儿年龄的增长，所提供材料的类别以及同一类材料的数量逐渐增多。例如，在各年龄班的分类活动中都有按照颜色特征分类，小班的分类材料的颜色一般只有2—4种，每种颜色的物体一般只有 3 个，中班、大班材料的颜色和数量则可以多些。

其次，不同年龄班材料的复杂程度不同。幼儿年龄越小，分类材料的差异越明显，材料中的干扰因素越少，随着幼儿年龄的增长，分类材料中干扰幼儿的因素逐渐增多。例如，在不同的分类活动中，各年龄班的幼儿都面临着按颜色特征分类的要求。那么，对于小班幼儿，开始时教师应提供性质相同、大小相同、颜色不同的分类材料；对于中班幼儿，教师一开始就可提供大小相同、形状不同、颜色不同的分类材料；对于大班幼儿，教师一开始就可提供大小、形状、颜色都不同的分类材料。

最后，同一活动中对材料进行区分的层次和难度也不同。任何活动都必须依从循序渐进的规律。因此，无论对哪个年龄阶段的幼儿而言，分类材料的难度都应逐步提高，以此来促进幼儿提高分类能力。例如，在小班幼儿"把名称相同的物体摆在一起"的活动中，教师开始时提供的应该是 2—3 种颜色，形状、大小都一样的"名称相同的物体"。这样，幼儿在头脑中只要记住"名字一样的"这一分类依据就可以了。接着，教师提供的"名称相同的物体"应该逐步变化，即在颜色、形状、大小等特征中有 1—2 个特征是不一样的。这样，幼儿在头脑中不仅要记住"名字一样的"这一分类依据，还必须排除另外 1—2 个不同特征的干扰。

3. 明确分类标准，引导幼儿观察和思考，拓展和尝试多种分类形式

无论是教师提出分类标准还是让幼儿自己探索或共同讨论来确定分类标准，在幼儿动手分类之前，教师都要让幼儿对分类的标准有明确认识。而且，在幼儿动手分类的过程中，教师还要提醒幼儿恪守分类的标准。

在确定了分类标准之后，教师不要让幼儿立刻开始分类，而要引导幼儿仔细观察材料并进行充分思考。尤其是在中班、大班，随着幼儿分类活动的增加及分类经验的不断积累，教师在教学中应当特别注意，要帮助幼儿开展多种维度的分类活动以及自由分类活动。在教学中，结合幼儿按一种维度分类的不同结果，帮助幼儿归纳分类的不同标准，并由此提示幼儿尝试一维特征的多种自由分类。层次分类以及按照二维（或以上）特征的分类，可以帮助幼儿在分类活动中发展思维的抽象性、发散性和灵活性。

4. 鼓励和引导幼儿表达和交流分类结果

在幼儿的分类操作活动之中，组织幼儿交流、讨论，并用语言表述自己的分类结果是分类教学中的一个重要环节。对幼儿来说，用语言对自己所分出的结果进行正确的表述对促进幼儿抽象逻辑思维的发展具有重要意义。同时，交流和表达陈述的过程，还能够促进幼儿间的互动，锻炼幼儿的口语表达能力。在交流环节中，可以让幼儿把自己分类的物品展示给大家看，并注

重讲解自己是按照什么分类的，是怎样分的。教师也可以把每个幼儿的分类结果放在桌上，组织全体幼儿观看，最后让幼儿针对看到的情况进行交流。例如，请幼儿回答，哪些小朋友分类的结果与自己的不一样，自己是怎么分的，别人又是怎么分的，哪些地方不一样等。当然，在幼儿的交流和表述基础上，教师的适时归纳和提升也是相当重要的。教师应当对幼儿的分类结果加以比较、归纳和总结，帮助幼儿获得有关分类的关键性经验。例如，帮助幼儿总结出分类的不同标准、分类的标记如何使用等。小班幼儿的概括能力比较差，表达能力也比较弱。因此，活动中教师可以通过指导语给幼儿适当的提示，还可以采用放标记的方法让幼儿先把想法表示出来，然后再学习用语言说明分类标准。

▶▶ 三、对应教育活动的设计与指导 >>>>>>>>

物体对应的教育是幼儿学习数学前的必要准备，幼儿学习将相关的物体一一匹配，借助一一对应的逻辑方法比较两组物体的数量是否相等。教师要通过物体对应的教育，帮助幼儿获得初步的对应经验，准确地感知集合中的元素，发展幼儿初步的观察比较能力和逻辑思维能力，为后面的数学学习打下基础。

（一）有关联物体匹配活动的设计与组织

教师可以根据幼儿生活经验，选择幼儿日常生活中常见的物品或实物图片、卡片作为有关联物体匹配活动的材料。例如，碗和勺子、鞋子和袜子、衣服和帽子、瓶子和瓶盖等。

1. 引导幼儿观察物体的特点

教师应将引导幼儿感受物体的特点作为活动的第一步。能感受到物体的特点是幼儿学习匹配相关联物体的前提。教师可以选用幼儿熟悉的、特点明显的物体，通过谈话的方式来启发、引导幼儿感受其特点。例如，教师可以出示盘子引导幼儿观察盘子的形状、大小，盘子的颜色和花纹等特点。

2. 引导幼儿初步感知物体与物体之间的关系

在幼儿对物体特点有所感受的基础上，教师要进一步启发幼儿对物体与物体之间的关系进行初步认识。例如，在幼儿感受了杯子和牙刷的特点的基础上，教师可以同时出示杯子和牙刷，启发、引导幼儿联系生活经验来认识这两个物体之间的关系，知道刷牙时要用杯子和牙刷。

3. 提供活动材料，进行"匹配"练习

在幼儿对物体与物体之间关系有了初步认识的基础上，教师可以将活动材料提供给幼儿，引导幼儿动手操作，根据物体的关联关系进行"匹配"（如把相关联的物品和实物图片放在一起，对实物图片上的相关物体进行连线等）。

这类操作活动还可以延伸为区域活动。

设计匹配活动时，教师可以在幼儿生活经验的基础上考虑逐步将"匹配"的范围进行拓展，从一个物体与另一个物体之间的匹配拓展到一个物体与另几个物体之间的匹配（如碗与勺子、盘子、锅、米饭等），这不仅有助于幼儿积累对应经验，而且对启发幼儿的发散性思维也有着重要的实际的意义。

（二）对应比较物体数量教育活动的设计与组织

两个集合元素间的对应，一般指数量与数量的对应、形状与形状的对应、物体与位置的对应和各种关系的对应。学习数量与数量的对应，有助于幼儿正确感知元素及数量，有助于幼儿掌握计数、感知与理解对应法则，可以为幼儿以后的数学学习，尤其是对集合、对应等现代数学思想的感知和理解，以及逻辑思维能力的发展打下良好基础。

1. 对应比较物体数量的一般方法

（1）重叠比较

将一组物体摆成一行，再将另一组物体逐个一对一地重叠到前一组物体上面，比较两组物体的多少。例如，将小花的卡片一一叠放在树叶卡片之上；将勺子与碗的图片一一叠放等，让幼儿观察、发现并比较它们的多少。

（2）并放比较

将一组物体摆成一列（一行），再将另一组物体一个对一个地并排放在这组物体的旁边（左边或右边）或这组物体的下面（或上面），比较这两组物体的数量。例如，给幼儿5个瓶子卡片，3个瓶盖卡片，让幼儿把瓶子卡片排成一行，然后在每个瓶子卡片右边（或左边、上边、下边）放一个瓶盖卡片，引导幼儿观察、比较并说出瓶子与瓶盖卡片是不是一样多，哪个多，哪个少。

（3）连线比较

这种比较方式在幼儿的个别操作活动中，尤其是对书面材料的操作活动中比较常见。例如，上边放着一排小狗、小猫、小兔子等图片，下边放着鱼、萝卜和骨头等图片，要求幼儿对两排物体进行观察，找出小动物爱吃的食物，并用线连起来，然后比较动物图片与食物图片的多少。

（4）游戏活动中的比较

教师可利用幼儿喜爱的娱乐性游戏，将一一对应的内容有机地渗透到游戏的情境与规则之中。

2. 对应比较物体数量的活动设计与组织

对应比较物体数量多少的活动是让幼儿运用重叠、并放、连线等多种方法，将两组物体一一对应，再从视觉上直观地比较和判断这两组物体数量的相等或不相等。所以，对应比较物体数量的活动实际上就是教师引导幼儿掌握叠放对应比较和并放对应比较的技能，帮助幼儿积累有关一一对应的经验，提高观察比较能力的过程。所以，设计与组织这类活动的重点是引导幼儿掌握、理解并运用叠放对应比较和并放对应比较的技能。

（1）运用日常生活中幼儿熟悉的物体，引导幼儿掌握两种对应比较的技能。

首先，教师可以选择适宜叠放对应的物体和适宜并放对应的物体，通过演示讲解或引导幼儿操作，启发幼儿感知、理解将两组物体一一对应的方法。

其次，引导幼儿观察比较两组物体的对应情况，注意最后对应的结构。例如，幼儿完成了将若干组对象进行叠放对应比较或并放对应比较之后，教师要启发幼儿注意到"盘子摆完了，每个娃娃前面都有1个盘子""盘子摆完了，每个娃娃前面都已经有1个盘子，但现在还剩下1个盘子"或"盘子摆完了，但现在还有一个娃娃前面没有盘子"等几种结果。

最后，根据对应结果，引导幼儿对两组物体数量的相等与不等关系进行判断并表述。例如，"盘子摆完了，但是还有1个苹果没有盘子，盘子和苹果不一样多，苹果多，盘子少"等。

（2）创设情境，引导幼儿巩固运用重叠、并放、连线比较的技能。

幼儿初步掌握了叠放对应比较和并放对应比较技能之后，教师可以创设游戏和生活情境，引导幼儿进行练习，巩固对应技能。

（3）运用问题情境，启发幼儿掌握将"不一样多"变成"一样多"的方法。

（三）物体对应教育活动的指导要点

1. 匹配的物体是幼儿生活中熟悉的，匹配的形式可以多样化

由于事物之间的联系是多种多样的，匹配也有多种形式，教师不要将匹配固定化、唯一化。

2. 对应比较两组物体数量时要有层次性

（1）先学习叠放对应比较，再学习并放对应比较。

（2）先比较两组数量一样多的物体，再比较数量不一样的物体，相差数量从1开始，并随着幼儿年龄的不同有所变化。

（3）表述时不要出现数词，只用"一样多""不一样多""多些""少些"来表述比较结果。

3. 注重培养幼儿思维的可逆性和发散性

教师引导幼儿观察比较两组物体对应比较后的结果时，要注重对幼儿思维可逆性的培养。知道两组数量不一样多的物体从"不一样多"变成"一样多"的方法，既可以用"添加"的方法，也可以用"去掉"的方法。

▶▶ 四、排序教育活动的设计与指导 >>>>>>>>

（一）排序教育活动的设计与组织

幼儿数学教育中排序的形式一般可分为两种：按次序规则排序（量的差

异、量的多少)与按模式排序(按特定规律排序)，这里主要介绍这两种活动的设计与组织。

1. 按次序规则排序

按次序规则排序，包括按物体量的差异的次序排序和按物体数量多少的次序排序。(图 2-1-14 和图 2-1-15)

图 2-1-14　按物体量的差异的次序排序

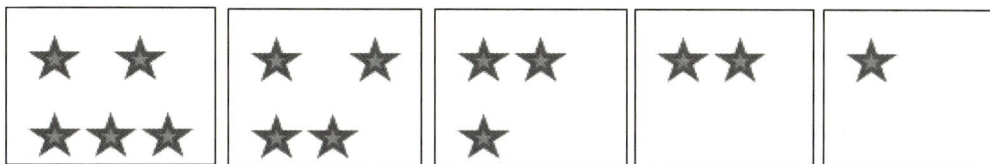

图 2-1-15　按物体数量多少的次序排序

幼儿学习按次序排序一般在小班、中班进行。活动的一般顺序是：首先，观察发现物体量的差异；其次，对物体的量进行比较与判断，找出最大(长、高、厚、粗等)或最小(短、矮、薄、细等)的量；最后，学习按一种量的差异顺序进行排序。

2. 按模式排序

(参看模块二单元二任务三"一、幼儿按模式排序教育活动的设计")

(二)排序教育活动的指导要点

1. 从小数量的排序到大数量的排序

排序是以比较为基础的，而最简单的比较就是两两比较。排序最小的数量是 3，对于小班幼儿来说，可从数量为 3 的物品开始排序。教师引导幼儿首先找出最大(长)的和最小(短)的，然后再分别找出其他的。教师确认小班幼儿可排好 3 个物品的顺序后，再逐渐增加到 4 个、5 个物体。教师确认中班幼儿可排好 7 个以内的物体的顺序后，再逐渐增加到 10 个。对于大数量的排序，也同样是按照先找两端再逐一比较，最后确定序列的步骤进行的。

2. 从按次序规则排序到按模式排序

在量的比较教学中，幼儿已经积累了一定的对物体大小、长短、粗细、高矮等量的特征进行区分的相关经验。从教学的一般经验来看，次序规则在先，特定规则在后。按量的次序规则排序实际上就是幼儿理解量的一种操作表现。

知识拓展

数字资源 2-1-3：教学活动设计
"物体排队找春天"

数字资源 2-1-4：教学活动设计
"找椅子"

任务迁移

1. 设计一个组织中班幼儿学习分类的活动方案，并模拟试讲。

2. 设计一个组织大班幼儿学习排序的活动方案，并模拟试讲。

任务巩固

表 2-1-10　幼儿集合的教育要点回顾

知识与能力要点	掌握程度	学习建议
幼儿认识"1"和"许多"教育活动的设计、组织与指导	☆☆☆☆☆	理解　识记　运用
幼儿分类教育活动的设计、组织与指导	☆☆☆☆☆	理解　识记　运用
幼儿对应教育活动的设计、组织与指导	☆☆☆☆☆	理解　识记　运用
幼儿排序教育活动的设计、组织与指导	☆☆☆☆☆	理解　识记　运用

思考与练习

1. 简述引导幼儿学习分类的教学方法与步骤。

2. 举例说明引导幼儿学习排序的教学方法。

单元二 幼儿模式的教育

任务一 幼儿模式的核心经验

任务导览

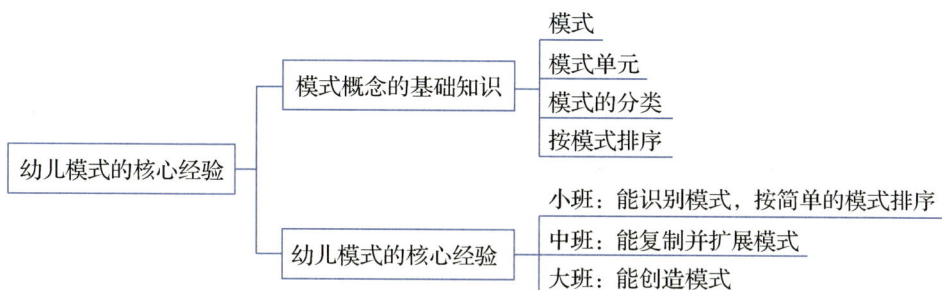

图 2-2-1 幼儿模式的核心经验思维导图

任务探寻

请观察幼儿的模式行为，进行记录并对其进行等级评价。

表 2-2-1 _____ 班幼儿观察记录表

幼儿姓名		观察人	
观察时间		观察地点	
观察实录			
等级评价			

等级说明：1 表示游戏和模仿；2 表示辨识简单的模式并延续；3 表示填充规律；4 表示创造模式。

知识任务

▶▶ 一、模式概念的基础知识 >>>>>>>>

（一）模式

模式是指有规则性的东西重复出现，也可以是呈现于感官的重复性刺激，或者是有内在逻辑关系的数字序列。幼儿数学教学中的"模式"指一组物体有规律地排列。例如，将长短、粗细、形状一样的聪明棒按照"红—橙—绿，红—橙—绿，红—橙—绿，……"的顺序排列，做"拍手—拍腿，拍手—拍腿，拍手—拍腿，……"的动作，发出"叮叮—当当，叮叮—当当，叮叮—当当，……"的声音，"春—夏—秋—冬，春—夏—秋—冬，春—夏—秋—冬，……"的四季轮回，等等。

模式具有以下四个特点：

1. 规律性。规律性是指模式包含某种内在逻辑关系，是按某种规律变化的。

2. 重复性。重复性是指构成模式的事物表现出相同模式单元的重复出现，即按某种规律变化。

3. 可预测性。可预测性是指通过对模式单元的识别，对其内在规律的概括，能够对模式的发展变化进行预测。

4. 无限性。无限性是指模式按照某种规律可以无限延续下去。

(二)模式单元

模式单元是指模式中有规则的重复出现的部分。"红—橙—绿，红—橙—绿，红—橙—绿，……"中的模式单元是"红—橙—绿"；"拍手—拍腿，拍手—拍腿，拍手—拍腿，……"中的模式单元是"拍手—拍腿"；"叮叮—当当，叮叮—当当，叮叮—当当，……"中的模式单元是"叮叮—当当"；"春—夏—秋—冬，春—夏—秋—冬，春—夏—秋—冬，……"中的模式单元是"春—夏—秋—冬"。这些模式单元虽然形式不同，但实质上可以用"ABC""AB""ABCD"等描述，此外还有"AABB""AAABBBCCC""ABB""AAB"等形式，因此模式单元是灵活多样的。

(三)模式的分类

模式可以从不同的角度进行不同的分类。

1. 按表现形式

按表现形式可以将模式分为图形模式、颜色模式、量的模式、声音模式。

图形模式：指模式单元由图形组成，如"□△○□△○□△○……"。

颜色模式：指模式单元由颜色组成，如"红—橙—绿，红—橙—绿，红—橙—绿，……"。

量的模式：指模式单元由量组成，如"○○○○○○○○○……"。

声音模式：指模式单元由声音组成，如"掌声—鼓点，掌声—鼓点，掌声—鼓点，……"。

2. 按模式单元是否发生变化

按模式单元是否发生变化可以将模式分为重复性模式和延展性模式。

重复性模式：指模式单元不变，如"红—橙—绿，红—橙—绿，红—橙—绿，……"。

延展性模式：指模式单元会有规律地变化，如"拍手—拍腿，拍手—拍腿—拍腿，拍手—拍腿—拍腿—拍腿，……"。

3. 按模式的基本单元变化的方式

按模式的基本单元变化的方式可以将模式分为重复模式、循环模式、滋长模式、变异模式等。

重复模式，即上文提到的重复性模式，如"红—橙—绿，红—橙—绿，红—橙—绿，……"。

循环模式，如"白天—黑夜，潮涨—潮落，春—夏—秋—冬"等交替出现的自然现象。

滋长模式，如"A—B，A—B—B，A—B—B—B，A—B—B—B—B，……"。

变异模式，如"红—蓝—黄，红—蓝—绿，红—蓝—紫，红—蓝—黑，……"。

研究结果显示，对于幼儿而言，变异模式最难，3—4 岁有 15％左右的幼儿能完成变异模式的任务，4—5 岁有 35％左右的幼儿能完成，5—6 岁有 50％左右的幼儿能完成。出现这种现象的原因有以下两点：第一，变异模式需要幼儿能辨认出事物之间的相同之处和不同之处，发现事物之间的主要特征和次要特征。第二，变异模式需要幼儿具有一定的生活经验和学习经验，在模式学习上达到较高水平，同时需要有较好的发散性思维。

循环模式最容易，原因主要有以下两点：第一，循环模式中各个事物的排列比较集中，幼儿容易感知事物之间的异同。第二，循环模式的排列形式正好构成一个圆形，如图 2-2-2 所示，圆形是幼儿最早感知的一种图形，符合幼儿图形感知的规律和兴趣。

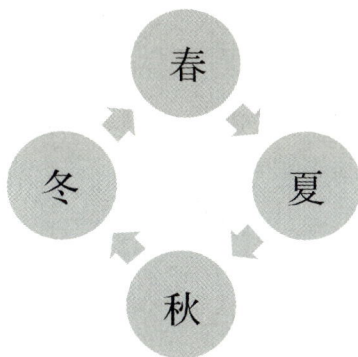

图 2-2-2　循环模式

重复模式难度大于循环模式，幼儿能较好地完成任务。这种模式强调幼儿的机械记忆，不求多变。但是，由于它的排列是线性的，幼儿容易受多种因素的干扰，注意力容易分散，因此，对于幼儿而言，完成难度大于循环模式。

幼儿对滋长模式的认知发展水平波动最大。在 3—4 岁、4—5 岁、5—6

岁都会快速发展。但从4—5岁阶段到5—6岁阶段水平反而有所下降，这是因为滋长模式涉及计数，而数对于幼儿来讲是较难理解的，数具有极强的抽象性，幼儿以具体形象思维为主，需要很长时间循序渐进、大量感知才能逐渐形成数概念。因此，幼儿对数概念掌握的不稳定性会影响幼儿对滋长模式认知的水平，随着年龄的增长该模式水平也会表现出较大的不稳定性。滋长模式与变异模式相比，两者有区别：前者相对而言较具体，幼儿可以一个个指着物体数，而后者强调思维的发散，幼儿很难从题目的表面发现规律，获得答案。

4. 按模式的载体

按模式的载体可以将模式分为实物模式和符号模式两类。

实物模式，即构成模式的载体是图形、小木棒、积木、布娃娃等实物，如"汽车—轮船，汽车—轮船，汽车—轮船，……"。

符号模式，即构成模式的载体是数字符号、特殊符号等各种符号，如"＃？ ＃？ ＃？ ……"。

（四）按模式排序

按模式排序是指按特定规则把一组物体排列起来，成为一个模式。一般可以按以下几种规则进行按模式排序：外部特征上的特定规则、量的差异上的特定规则、数量上的特定规则、摆放形式上的特定规则等。幼儿的按模式排序一般为重复性模式。

▶▶ **二、幼儿模式的核心经验** >>>>>>>>

幼儿模式的核心经验如表2-2-2所示。

表2-2-2　幼儿模式的核心经验

年龄阶段	小班	中班	大班
核心经验	能识别模式，并按简单的模式排序（序列数量在3个以内）。	1. 能按简单模式（序列数量在5个以内）排序； 2. 能复制并扩展模式，并能对物体和图案进行排序。	1. 能按模式排序； 2. 能根据物体和图案创造出某种模式并进行排序。

● **知识拓展** ●

数字资源2-2-1：蜈蚣叔叔的袜子

● **任务迁移** ●

在幼儿园一日生活中，处处有模式，请你收集照片，并分析其中的模式单元，将结果记录在表 2-2-3 中。

表 2-2-3　幼儿园一日生活中的模式收集

模式	类型	模式单元
（请粘贴照片）		

● 任务巩固 ●

表 2-2-4　幼儿模式的核心经验要点回顾

知识与能力要点	掌握程度	学习建议
模式的概念、分类	☆☆☆	理解
幼儿模式的核心经验	☆☆☆☆☆	理解　识记　运用

● 思考与练习 ●

1. 什么是模式？常见的模式有哪些？请举例说明。
2. 请简述幼儿模式的核心经验。

任务二　幼儿模式的发展路径

● 任务导览 ●

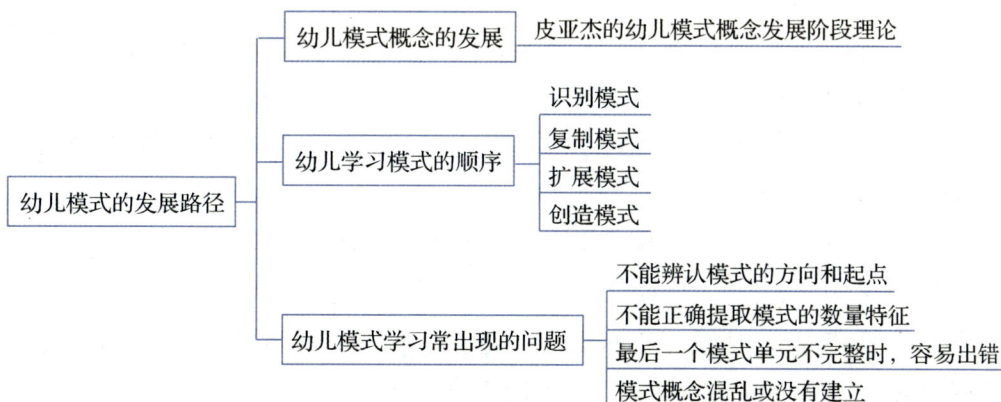

图 2-2-3　幼儿模式的发展路径思维导图

● 任务探寻 ●

请观察幼儿的行为并完成对行为的观察记录，可以用文字、图片、画图

学习笔记

等方式进行表达，并尝试对幼儿的表现进行评价。

表 2-2-5　幼儿模式的表现及评估

年龄	行为描述	评估等级

等级说明：1 表示能发现模式；2 表示能识别模式；3 表示能复制模式；4 表示能扩展模式；5 表示能创造模式。

◎ 知识任务 ◎

▶▶ 一、幼儿模式概念的发展 ▷▷▷▷▷▷▷▷

幼儿模式概念或能力的发展主要包括四个方面，即模式识别、复制、扩展和创造。模式识别是其他水平层次的基础，模式的复制、扩展、创造以及其中发生的比较、转换、描述和交流都是在模式识别基础上发展起来的模式的运用能力。目前，幼儿模式教育的内容主要涉及这四个方面的内容。

幼儿模式概念可以简单理解为一种规律性。皮亚杰认为，幼儿模式概念的感知开始于婴儿期，最初是感知空间模式，例如，房间里有规律摆放的家具、摇篮上有规律悬挂的玩具等，也可以感知一些习惯性的动作，如推开门—妈妈走进来—喂宝宝吃奶等。随着年龄增长，幼儿的模式概念逐渐发展起来，皮亚杰将幼儿模式概念的发展划分为六个阶段。

第一个阶段是描述顺序，指幼儿按照事物之间的大小、颜色、图形、数量等联系来理解和辨识事物间的顺序。

第二个阶段是描述和建构线型模式，指幼儿对曲线、Z 形线、直线、环形线或宽线、细线组成的线型模式的理解、辨识和创建。

第三个阶段为复制一个次序，指按事物之间已经存在的顺序规则来进行复制，使事物之间的连接关系保持下去。

第四个阶段为创建一个次序，即创建一个顺序规则并按这种顺序规则将多种事物连接、组合。

第五个阶段是构建一个模式，即在创建一个次序的基础上反复地按一定规律复制该次序，形成一个模式。

第六个阶段是认识循环模式，循环模式是一种封闭的模式，其特点是模式的顺序规则是不间断的，可以永远地循环往复下去。

皮亚杰认为后一个阶段是前一个阶段的发展，但在一次模式活动中，各阶段的内容可以同时或交叉出现。这和模式发展的四个方面有内在的联系，第一、二阶段属于模式的识别，第二个阶段是对特殊的图形模式——线型模式的认识和理解；第三个阶段是模式复制，在这里，皮亚杰把模式单元称为一个次序；第四、五阶段是创造模式，先创建一个模式单元，再建构一个模式；第六个阶段是对循环模式的理解，属于高级的模式识别。虽然没有阶段对应模式扩展，但可以把复制、创建一个模式单元看作扩展内容，因为复制和创建模式单元也是将规则或活动继续下去。

▶▶ 二、幼儿学习模式的顺序 >>>>>>>>

幼儿学习模式的顺序一般是识别模式—复制模式—扩展模式—创造模式。其中前者是后者的基础，后者是前者的发展或提升。复制、扩展、创造模式都属于按模式排序问题。

（一）识别模式

识别模式是指识别模式的基本结构，即模式的基本单元是什么，模式单元由哪些元素组成，模式各单元之间的相互关系是怎样的。例如，"汽车—轮船，汽车—轮船，汽车—轮船，……"的模式单元是"汽车—轮船"，即"ABABAB"。"拍手—拍腿，拍手—拍腿—拍腿，拍手—拍腿—拍腿—拍腿，……"中的模式单元之间的关系是拍手不变，拍腿依次增加一个，即"ABABBABBB"。

（二）复制模式

复制模式是指做出与原有模式结构完全相同的模式。

（三）扩展模式

扩展模式是指在模式识别的基础上，对后续模式进行预测并继续把单元特点延伸下去。例如"拍手—拍腿，拍手—拍腿—拍腿，拍手—拍腿—拍腿—拍腿"可以无限扩展下去，"拍手—拍腿—拍腿—拍腿—拍腿，拍手—拍腿—拍腿—拍腿—拍腿—拍腿……"。

（四）创造模式

创造模式是指幼儿根据选定的材料和原来的经验自己创造出不同结构的新模式。例如，幼儿用三种材料排出"ABCCABCCABCC"模式，或是用两种材料排出"BABBABBAB"等模式。

▶▶ 三、幼儿模式学习常出现的问题 >>>>>>>>

第一，不能正确辨认模式的方向和起始点特征，给识别和复制带来困难。例如"红—蓝—黄—红—蓝—黄—红—蓝—黄……"，幼儿容易认为模式单元是"蓝—黄—红"，因为幼儿没能确定好起点，只看到模式中的一部分。

第二，不能正确提取模式的数量特征，即辨认模式每个单元所包含的元素数量时出现错误。例如，"三角形—三角形—正方形—正方形—三角形—三角形—正方形—正方形—三角形—三角形—正方形—正方形……"，幼儿容易认为模式单元是"三角形—三角形—正方形"，只注意到了图形特征，在数量特征上出现了错误。

第三，当最后一个单元不完整时，幼儿更容易出错。例如"红—蓝—黄—红—蓝—黄—红—蓝—黄—红—蓝……"，幼儿往往会出错。

第四，不能把模式结构抽象出来，模式概念混乱或没有建立。幼儿模式学习的个体差异性很大，有些幼儿模式概念建立较晚，较困难。

● 知识拓展 ●

数字资源 2-2-2：高瞻课程中的幼儿模式发展评价量表

● 任务迁移 ●

选择 3—6 岁的幼儿一名，对其模式发展的表现进行观察记录，对照"知识拓展"中的级别及关键评价点对该幼儿的模式发展水平进行等级评价。

表 2-2-6　幼儿模式发展评价表

发展评价	
支持记录	
事件描述	图片或视频资料

● 任务巩固 ●

表 2-2-7　幼儿模式的发展路径要点回顾

知识与能力要点	掌握程度	学习建议
幼儿模式学习的一般顺序	☆☆☆	理解　识记　运用

● 思考与练习 ●

幼儿模式学习的一般过程是什么？

任务三 幼儿模式的教育

● 任务导览 ●

幼儿模式的教育
- 幼儿按模式排序教育活动的设计
  - 模仿模式排序，感知模式规律
  - 发现模式排序，积累模式排序经验
  - 创设模式排序，自主发现一定的规律
- 幼儿模式教育活动的指导要点
  - 提供丰富的模式实例，让幼儿感受模式
  - 发挥语言的优势，体会模式重复的单元
  - 用启发引导法，帮助幼儿观察和发现模式规律

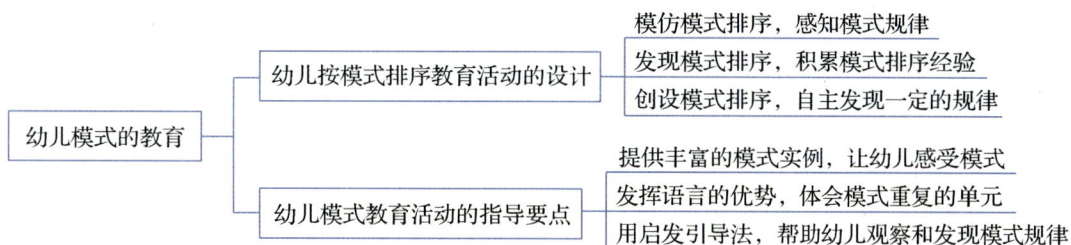

图 2-2-4 幼儿模式的教育思维导图

● 任务探寻 ●

阅读以下活动案例，请分析案例中的教师是如何开展数学活动的，写出活动的主要环节及目的。

表 2-2-8 "小熊家真漂亮"教学活动设计

活动名称	小熊家真漂亮。
活动对象	小班幼儿。
活动过程	一、介绍小熊的新家 1. 小熊盖好了新房子，它家的墙上挂了很多彩灯，请看看这些彩灯是按什么颜色排起来的。请摘下来挂一挂。（红色—黄色—红色—黄色—红色—黄色） 2. 小熊要出门了，它家门口用石子铺了一条漂亮的小路，请看看这条小路是怎么铺的，请你帮它把路铺完。（3 颗白石子 2 颗黑石子） 3. 春天到了，小熊想让自己的院子变得更漂亮，它种了许多小树，小熊给了我们种树的图纸，请帮它种一种吧。 二、去小熊家做客 1. 小熊家这么漂亮，我们去小熊家做客吧。教师要求小朋友按一个男生、一个女生、一个男生、一个女生、一个男生、一个女生……的顺序排队。 2. 小熊家真漂亮，我们在小熊家合个影，请小朋友按一定的规律摆个造型。例如，一个举手、一个叉腰。 三、给小熊摆水果 去小熊家做客，给小熊带礼物。教师和小朋友一起给小熊做水果拼盘，小朋友摆的水果拼盘要有一定的规律。教师先示范，幼儿自由摆放。 四、回家 选一辆漂亮的汽车，小朋友坐着它回家。观察车窗、座位颜色，看看有没有规律。

● 知识任务 ●

幼儿模式教育是指幼儿园教师根据一定的目标，有计划、有组织地引导幼儿感知模式，丰富幼儿的模式经验，促进幼儿模式认知能力发展的活动。

▶▶ 一、幼儿按模式排序教育活动的设计 >>>>>>>>

幼儿学习模式的一般顺序是：识别模式—复制模式—扩展模式—创造模式。首先，通过模式排序，感知模式规律及规律产生的美，能辨识并延续、复制简单的规律；其次，学习发现模式排序，积累模式排序经验，能辨识、复制、延续、填充规律，形成次序概念；最后，学习创设模式排序，幼儿能自主发现一定的规律，关注到物体之间的关系，并运用具体物品、声音和肢体动作来表现规律。

（一）模仿模式排序，感知模式规律

模仿模式排序多在小班进行。一般先呈现按一定规律排序的物体，让幼儿观察、发现规律；然后用重叠放置的方法，一一对应地摆放物体，体验规律排序；最后欣赏、检验操作结果，进一步感知模式规律。

（二）发现模式排序，积累模式排序经验

发现模式排序多在中班进行。一般先呈现按一定规律排序的物体，让幼儿观察、发现规律；然后按发现的排序规律延续规律；最后欣赏、检验操作结果，形成次序概念。

（三）创设模式排序，自主发现一定的规律

创设模式排序多在中班、大班进行。使幼儿在小班、中班规律排序的基础上，能看出生活中各种规律排序的规律；能用重复的声音和动作表现不同的规律；能使用不同的材料遵循一定的规律来美化环境，并对规律作出描述；知道"红—绿—绿""三角形—正方形—正方形""拍手—跺脚—跺脚"的规律是一样的。

▶▶ 二、幼儿模式教育活动的指导要点 >>>>>>>>

幼儿模式教育的基础是模式识别，即识别模式的基本单元是什么，模式单元由哪些元素组成，模式各单元之间的相互关系是怎样的。开展模式教育活动应注意以下几点。

（一）提供丰富的模式实例，让幼儿感受模式

模式多种多样，教师要选出有代表性的。模式构成有多种形式，如声音模式、图形模式、动作模式、量的模式等，教师应该结合模式的特点，给幼儿提供看一看、摸一摸、摆一摆、说一说的机会，让幼儿通过多种感官感受模式的规律性。

（二）发挥语言的优势，体会模式重复的单元

对各种模式实例，要引导幼儿多用语言描述。在认识中读出语言节奏，从描述中找到重复的单元，从节奏变化和重复的描述中感受模式中的重复性，重复的单元就是模式的基本单元。

(三)用启发引导法，帮助幼儿观察和发现模式规律

有时规律是深藏于形式之中的，需要教师用启发引导的方法，引导幼儿从多个角度观察，从多个角度寻找规律。

◎ 知识拓展 ◎

数字资源2-2-3：教学活动设计"有趣的排序"

◎ 任务迁移 ◎

设计一个组织幼儿进行模式学习的活动方案，并模拟试讲。

◎ 任务巩固 ◎

表2-2-9　幼儿模式的教育要点回顾

知识与能力要点	掌握程度	学习建议
幼儿模式教育活动设计与指导	☆☆☆☆	理解　识记　运用

◎ 思考与练习 ◎

简述引导幼儿进行模式学习的教学方法与步骤。

模块小结

本模块在对集合、分类、对应、排序、模式的概念进行简单介绍的基础上，分析了幼儿分类、对应、排序、模式的认知特点，明确了对幼儿进行集合、分类、对应、排序、模式教育活动的核心经验和发展路径，有针对性地阐述了其教学活动设计与组织。

本模块内容重点是有关分类、对应、排序、模式教育活动的设计与组织，难点是有关集合、分类、排序、模式的概念及相关知识。首先要对对应、分类、排序、模式的概念及相关知识进行透彻的理解，并在此基础上认真研究幼儿对该部分知识的认知特点。其次还要虚心学习前人的经验，对以往的成功案例进行深入研究。只有这样，才能达到对该部分知识的准确把握与灵活运用，才能在前人的基础上进行不断的创新。

有关集合、对应、排序、模式的教学活动是幼儿园数学教育活动中的重要组成部分，要搞好模块知识的教学，就必须弄清其概念、原理、特点、要求与方法，并在教学前对其教学活动进行精心设计，而要做到这些，就必须具有丰富的知识与扎实的理论。

学习笔记

教师资格直通车

扫码查看答案

一、单选

1. 进行分类教育时对大班的要求是（　　）。

A. 学会按物体的外部特征进行分类

B. 能够按物体的数量进行分类

C. 能按某一特征进行肯定与否定的分类

D. 掌握"分开""分成""合起来"等词

2. 教师让幼儿自己进行排序活动，不仅能促进其思维能力的发展，而且还有利于培养其（　　）。

A. 合作意识　　　　　　　　B. 主动意识

C. 守恒意识　　　　　　　　D. 规则意识

3. 幼儿数学教育活动中，对一组物体确定多种标准进行分类，一个物体可以划分到不同的类别中，这种分类活动称为（　　）。

A. 按物体的两个特征分类　　B. 多角度（或多重）分类

C. 层级分类　　　　　　　　D. 按物体的数量分类

4. 把蜡笔、铅画纸、手工剪刀归成一类——学习用品，把毛巾、茶杯、牙刷归成一类——生活用品，属于以下哪种分类（　　）。

A. 按物体的外部特征分类　　B. 按物体的材料分类

C. 按物体的本质特征分类　　D. 按物体的用途分类

5. 教师要求幼儿按照形状对物体进行分类，不能随意乱分，这有利于培养幼儿的（　　）。

A. 对应意识　　　　　　　　B. 规则意识

C. 活动意识　　　　　　　　D. 合作意识

二、简答

1. 请简答幼儿排序能力发展的年龄特点。

2. 请简答小班分类教育要求。

三、论述

请简述幼儿排序的类型及教育内容与要求。

四、材料分析

研究人员曾问一个幼儿，是红片片多还是片片多，他一直认为红片片多。直到研究人员向他解释，片片指的是所有片片，而不是（剩下的）绿片片，他才做出正确的回答。但回答的方式是一一点数，得出红片片是10个，片片是19个，因此片片比红片片多。

阅读上述案例，请回答下列问题：

（1）这个实验反映了幼儿的什么特点？

（2）对学前儿童进行分类活动的教育有何意义？

五、活动设计

请设计一个以"按物体两类特征进行逐级分类"为内容的大班数学教育活动。要求写出活动名称、活动目标、活动准备、活动过程和活动延伸。

模块三

幼儿数概念
与运算的教育

　　教师的职业特性决定了教师必须是道德高尚的人。合格的教师首先应该是道德上的合格者，好教师首先应该是以德施教、以德立身的楷模。师者为师亦为范，学高为师，身正为范。在幼儿园数学教育中，教师务必要践行师德。

　　数(这里指自然数)概念是数学中最基础的知识，也是幼儿开始积累数学感性经验时首先遇到的问题之一。幼儿掌握数概念是一个比较复杂的过程，不仅要会数数，还要理解数的含义，知道数的顺序和大小，理解数的组成和数的守恒。心理学的研究表明，幼儿数概念的发展具有一定的顺序性和阶段性，但发展又是不平衡的，个体差异也很大。其原因是多方面的，同先天的遗传因素有关，而环境和教育对他们的影响则更大。作为幼儿教师，只有了解了幼儿初步数概念的形成和发展规律，知道幼儿掌握这些概念时要克服哪些困难，才能对幼儿正确地进行数概念的教学，有效地促进幼儿初步数概念的发展。

学习目标

　　1. 感受数学的规律美，坚持解放思想，在常规教学内容中融入新方法、新技术。
　　2. 掌握数与运算的基本知识，了解幼儿数概念及运算能力发展的一般过程和特点。
　　3. 理解并掌握幼儿数概念的教育要求。
　　4. 理解并掌握幼儿数概念教育活动设计与组织的基本要求，能根据教学内容及幼儿的特点设计并组织相应的数学教育活动。

学习任务单

表 3-1　幼儿数概念与运算的教育学习任务单

姓名		班级		学习时间	
序号			任务描述		
1		通过阅读教材以及查询资料了解数概念的内涵，并结合已有经验分析作为一名学前师范生学习数概念的意义。			

序号	任务描述
2	能够结合所学到的幼儿身心发展特点，分析幼儿数概念发展的路径。
3	查阅《幼儿园教育指导纲要（试行）》与《3—6岁儿童学习与发展指南》中关于幼儿园数学教育目标的表述，尝试分析幼儿数概念教育的重点。
4	结合见习中看到的幼儿数概念教育活动，采取事件观察法观察并客观记录活动中教师开展数符号、计数和数运算教学活动的过程和幼儿的真实反应，撰写观察分析记录。
学习建议	阅读教材并通过查询与幼儿数概念发展水平相关的内容，在充分了解幼儿发展路径的基础上思考教育活动开展的要点。
任务完成 （可粘贴）	

学习效果简评	评价人	□自己。 □同伴。 □教师。
	评价内容	□能从不同角度查阅资料进行预习，并有自己的理解。 □能从不同角度查阅资料进行预习，但没有加工。 □能从书本中查阅相关内容。 □仅凭个人理解。 □没有预习。

单元一　幼儿数符号的教育

任务一　幼儿数符号的核心经验

任务导览

命名数
参照数
基数和序数
相邻数
单数与双数
幼儿数符号的核心经验

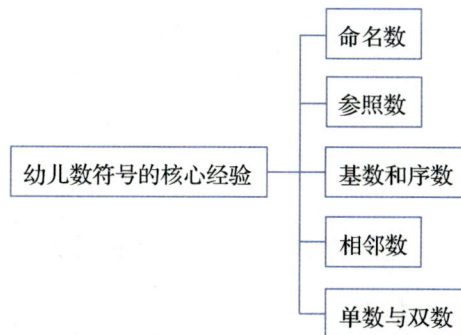

图3-1-1　幼儿数符号的核心经验思维导图

◉ 任务探寻 ◉

请根据自身以往数学学习经验回忆"命名数、参照数、基数和序数、相邻数、单数与双数"的相关概念，模拟展开对幼儿进行上述概念的介绍，并将教育活动中关键的数学语言填写在下方表格中。

表 3-1-1　数符号教育中的关键数学语言

关于数符号的核心经验	教育活动中关键的数学语言
命名数	
参照数	
基数和序数	
相邻数	
单数与双数	

◉ 知识任务 ◉

数是表示事物的量的基本数学概念。目前人们主要用它来表示事物的量，不同的数表示不同的量。最初人们没有数的概念，随着捕捉野兽、采摘野果的需要，逐渐产生了"有"与"无"的概念，并随着生产的发展，为了进行物品的分配与交换，产生了"多""少""一样多""1 和许多"等概念。在此基础上，人们进一步注意到了客观对象在量的方面的共同特征，并把这种特征具体形象地表示了出来，即数字符号，也就是数字。

全体自然数按从小到大的顺序排成的一列叫作自然数列。自然数列有以下几个性质。

第一，有始。自然数列最前面的一个数是"0"。

第二，有序。在自然数列中，每一个自然数后面都有唯一的一个后继数；并且除"0"以外，每一个自然数都有唯一的一个先行数，即比它小 1 的数。有序性还指任何两个自然数都可以比较大小。

第三，无限。自然数列中有无限个自然数。由于每一个自然数后面都有唯一的一个后继数，所以没有最后一个自然数之说。

数字是人们抽象出来用以在自然界和生活中表示各种含义的符号，其具有多种用途。

▶▶ 一、命名数 ＞＞＞＞＞＞＞＞

命名数，即用来给一个集合中的元素命名的数，如快递编号、学校代码、学号、电话号码等。例如，学号 2016130433 并不代表该生是学校第几名学生，而是通过一定的编号原则将学生的相关信息进行抽象化数字表征。

▶▶ 二、参照数 >>>>>>>

参照数，是指用来作为共享的衡量标准。例如，傍晚当钟表上的时针指向 7 时，我们就知道现在是《新闻联播》时间，傍晚 7 点电视台播放《新闻联播》是大家共享的衡量标准。又如，今天的温度是 33 摄氏度，当地的海拔是 885 米，这些数字都是世界文化中公认可以作为标准的数字，这些数字一般不进行数学上的思考。

▶▶ 三、基数和序数 >>>>>>>

自然数作为一类等价的有限集合的标记，它可以表示集合中元素的个数，还可以表示某个序列中某一元素的位置。其中，用来表示集合中元素个数的数叫作基数，用来表示序列中某一元素的排列次序的数叫作序数。每个自然数都有两个含义：基数的含义和序数的含义。例如，幼儿排队时报数，如果最后一个幼儿报出的数是"7"，那么这个"7"既可以表示这个幼儿排在第 7 个位置上，也可以表示这队幼儿一共有 7 个人。

▶▶ 四、相邻数 >>>>>>>

相邻数是指自然序列中相差一个单位的两个数。例如，4 是 5 的相邻数，5 也是 4 的相邻数，4 和 5 互为相邻数。在自然序列中，除 0 外，任何自然数都有两个相邻数，即比它多 1 的数和比它少 1 的数，如 4 的相邻数是 3 和 5。以往的幼儿数学活动，常常从 2 的相邻数开始学习。

相邻数是幼儿数概念形成的一个标志。幼儿掌握了相邻数，说明幼儿不仅理解了数的实际意义，而且了解了数的顺序及数与数之间的关系，形成了自然数列的概念。

▶▶ 五、单数与双数 >>>>>>>

在整数中，不能被 2 整除的数是单数，也称为奇数，可用 2k＋1 表示，这里 k 是整数。反之，在整数中，能够被 2 整除的数，叫作双数，又称偶数，可用 2k 表示，k 为整数。单双、奇偶没有太大区别，主要的区别在于使用场合。奇、偶一般是数学里面的用语，单、双一般是日常用语。

对于幼儿而言，只要知道两个两个地数，可以正好数完的那个数叫作双数；两个两个地数，还剩下一个的那个数叫作单数即可。

● 知识拓展

数字资源 3-1-1：谈谈数学的有用和有趣

● 任务迁移 ●

　　根据幼儿在园的一日生活，分析在哪些活动中会涉及对数字的使用，并说说这些数字的具体用途。

表 3-1-2　数字用途表

一日生活场景	数字的用途

● 任务巩固 ●

表 3-1-3　幼儿数符号的核心经验要点回顾

知识与能力要点	掌握程度	学习建议
幼儿数符号的核心经验	☆☆☆	理解　识记　运用

● 思考与练习 ●

　　1. 什么是数符号？

　　2. 关于幼儿数符号的核心经验有哪些？

任务二　幼儿数符号的发展路径

● 任务导览 ●

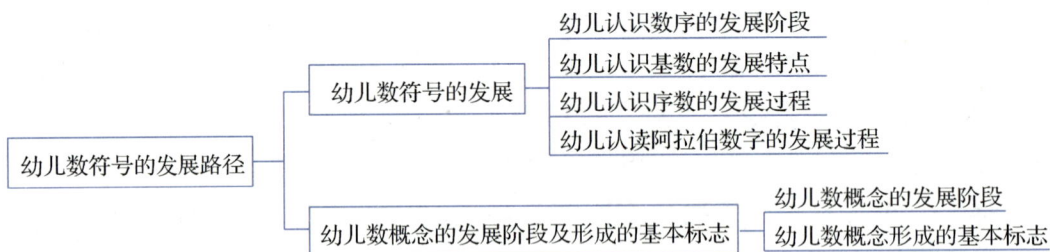

图 3-1-2　幼儿数符号的发展路径思维导图

● 任务探寻 ●

　　在生活和下园见习、实习中自由选择 3—4 岁、4—5 岁、5—6 岁幼儿，对其在认识数序、序数和认读阿拉伯数字等方面的表现进行观察，并对其进行评价。

表 3-1-4　幼儿认识_____的表现及评估表

年龄	行为描述	评价

● 知识任务 ●

▶▶ 一、幼儿数符号的发展 >>>>>>>

（一）幼儿认识数序的发展阶段

数序，即自然数的顺序，自然数列中的数都是按照后面的一个数比前面的一个数多 1 的规律排列起来的。也就是说，数序指的是每一个自然数在数列中的位置及与相邻两数之间的大小关系。

幼儿认识数序一般要依次经历以下几个阶段。

1. 学习比较前后两个数的大小

幼儿比较数的大小的能力比计数能力发展得要晚些。

3—4 岁的幼儿多数能按物点数 5 个以内的物体，但只是笼统地知道"4 个多，3 个少"，不能准确地说出这两个数之间多 1 少 1 的关系，不能比较前后两个数的多 1 少 1 的大小关系。

4—5 岁的幼儿随着认识的数范围的扩大，基本上能领会数的形成（如 2 个物体添上 1 个物体就是 3 个物体……），并能逐步理解与掌握前后两个数之间多 1 少 1 的关系。此阶段的幼儿对两数之间的关系的理解一般要借助实物并依赖一定的计数活动。

2. 理解相邻数的关系

相邻数是指数量相差为 1 的两个自然数。比较相邻两数大小，就是知道相邻两数之间多 1 和少 1 的关系。也有人认为，相邻数是一个数与相邻两个数的关系，即三个数之间的关系。

理解相邻数的关系是幼儿数概念形成的一个标志。幼儿掌握了相邻数，说明幼儿已经在数与数之间建立了初步的关系，即可以看作他们对数的实际意义有了进一步理解，理解了自然数间关系的最初形式。

幼儿在 4 岁以后逐渐具有了比较 10 以内相邻数多 1 和少 1 的能力。5—6 岁的幼儿可以理解某个数与其相邻两数之间的大小关系，能初步理解"每个数都有两个邻居，它比前面的邻居多 1，比后面的邻居少 1"；6 岁左右的幼儿能在成人的指导下进一步地抽象和概括出相邻数之间的关系，对按顺序排列好的 1—10，能初步理解随便哪一个数都比它前面的一个数多 1，比它后面的一个数少 1。

3. 能对数进行初步排序

按顺序对 10 以内的自然数进行排列，需要具有比较前后两数大小和理解相邻数之间关系的基础。因此，幼儿4岁以后才能逐步开始按物体或按圆点的数量多少进行排序，5岁以后基本能完成对数进行排序的活动。

(二)幼儿认识基数的发展特点

幼儿10以内基数的认知发展特点如表3-1-5所示。

表3-1-5　幼儿10以内基数的认知发展特点

年龄阶段	小班	中班	大班
幼儿10以内基数的认知发展特点	学会手口一致地点数5个以内的物体，并能说出总数，初步理解5以内基数的实际含义。	会正确点数10个以内的物体并说出总数，会按要求取出10个以内的物体。	能以2个、5个物体为单位进行计数，并能认识单双数和零。
	会按要求取出5个以内的物体。	知道10以内相邻两数之间多1少1的关系。	能熟练地掌握10以内数的相邻数，理解相邻数间的关系。
		能不受物体的大小、形状或排列形式等的影响，正确判断10个以内物体的数量，建立初步的数的守恒观念。	熟练掌握10以内数的顺序并能正确地进行排序，能对10以内的数列进行顺数、倒数和倒接数。

(三)幼儿认识序数的发展过程

幼儿认识序数，需具有按物点数和按顺序对物体进行排列的经验。因此，幼儿对序数的认识晚于对基数的认识，在开始认识序数时常出现序数概念与基数概念相混淆的现象。一般4岁以后对序数的认识才能逐步得以正确地发展。

4—5岁的幼儿能从一个方向开始，正确说出10个以内物体中某个物体是"第几个"或按要求取出"第几个"物体。

5—6岁的幼儿能同时从两个方向正确说出10个以内物体中某个物体是"第几个"。但仍有少数幼儿会将基数与序数混淆在一起。

(四)幼儿认读阿拉伯数字的发展过程

数字是数学符号语言的一种重要的表示形式，当人们使用数字时，实际上就是在"抽象地"运用数字。

幼儿在数学学习的过程中所经历的"体验—语言—图画—符号"的过程，也就是幼儿感知、理解数概念的过程，幼儿对数字的认读是对数的符号语言的认知。因此，幼儿认识数字不仅要知道数字的读法，更重要的是要主动感知数字所代表的意义。

4岁以上的幼儿由于已经能感知并理解一定数字的含义，对10以内的数字也有了一定的感性经验，并对许多符号产生兴趣，因此，可以感知与认读10以内的阿拉伯数字。通过认识、理解数字符号的意义来形成数量的表象，是促进幼儿形成数概念的一个重要过程。

玛丽·巴拉塔-洛顿(1987)曾描述了抽象符号使用的三种水平——概念水平、联系水平和符号水平。三种水平的具体特征如下。

①概念水平——幼儿具有数量的概念。

②联系水平——幼儿在物群数量与数字之间建立联系。

③符号水平——幼儿理解数字是表示数量的符号。❶

一般来说，处于前运算阶段的幼儿需要掌握六种数字符号技能。

①能够识别并说出每个数字的名称。

②能够按顺序排列数字：0，1，2，3，4，5，6，7，8，9，10。

③能够在数字与集之间建立联系："1"代表1个物体。

④理解每个数字都是按顺序排列，后面一个比前面一个多1（即2比1多1，3比2多1等）。

⑤能够将每个数字与相应数量的集合匹配，或将集合与相应数字匹配。例如，出示4个物品，幼儿能找出或写出数字4；或出示数字4，幼儿能找出或表征出4个物品。

⑥能够说出数字，学着写出数符号。

▶▶ 二、幼儿数概念的发展阶段及形成的基本标志 >>>>>>>

(一)幼儿数概念的发展阶段

数概念是数学中的基础知识，也是幼儿积累数学的感性经验时首先要遇到的问题之一。幼儿掌握数概念是一个比较复杂的过程，要经历感知物体、产生数的表象、形成抽象数概念这一复杂的智力活动过程。这个过程既有连续性，又有一定的阶段性，因为不同年龄的幼儿发展水平和接受能力是不同的。幼儿数概念的发展主要表现为计数能力的发展、数序概念的发展和认识数的组成等几个方面。

研究发现，幼儿10以内初步数概念的发展具有连续性和阶段性。

1. 第一阶段(3岁左右)——对数量的感知动作阶段

(1)对数量有笼统的感知，对明显的大小、多少的差别能够区分，难以区分不明显的差别。

(2)能够口头数数，但一般不超过10。

(3)能够逐步学会手口一致地对5以内的实物进行点数，但点数后说不出物体的总数。

2. 第二阶段(4—5岁)——数词和物体数量间建立联系的阶段

(1)点数实物后能说出总数，即有了最初的数群概念。后期开始出现数的"守恒"现象。

(2)前期幼儿能分辨大小、多少、一样多，中期能认识第几和前后数序。

(3)能按数取物。

(4)逐步认识数与数之间的关系，有数序的观念，能比较数目大小，能应

---

❶　查尔斯沃斯.3～8岁儿童的数学经验[M].潘月娟，译.北京：人民教育出版社，2007：18-19.

用实物进行数的组合与分解。

（5）开始能做简单的实物运算。

3. 第三阶段（5岁以后）——简单的实物运算阶段

（1）对10以内的数大多数能保持"守恒"。

（2）计算能力发展较快，大多数从表象运算向抽象的数字运算过渡。

（3）计数概念、序数概念、运算能力的各个方面都有不同程度的扩大和加深，到后期一般能够进行100以内的数数，个别幼儿能够进行20以内的加减运算。

（二）幼儿数概念形成的基本标志

幼儿初步形成数概念有以下几个标志。

1. 认识10以内数的实际含义

理解10以内的基数的实际含义；理解10以内的序数的实际含义；在判定物体数量时，不受物体的大小、形状和排列形式的干扰，初步理解数的守恒。掌握10以内数的实际含义，是幼儿形成数概念的核心。

2. 认识10以内相邻数的关系

掌握10以内相邻数的关系，知道其中任何一个数都比前一个数多1，比后一个数少1。

3. 掌握10以内数的组成

初步认识整体和部分的关系，知道一个数是由哪两个数组成的。

幼儿初步数概念的形成和发展，经历了感知物体、产生数的表象，最后形成抽象数概念这样一个复杂的智力活动过程。这个过程既有连续性，又有一定的阶段性，不同年龄的幼儿发展水平和接受能力是不同的。环境和教育对幼儿初步数概念的发展起着主导作用。

⊙ 知识拓展 ⊙

数字资源3-1-2：幼儿数符号教育的建议

⊙ 任务迁移 ⊙

选择3—6岁的幼儿一名，对其数序、序数、认读数字等数符号方面的表现进行观察记录，增进对幼儿数符号发展特点和规律的认识。

表3-1-6　_____班幼儿观察记录表

幼儿姓名		观察人	
观察时间		观察地点	

续表

观察目的	
观察方法	
观察实录	
分析说明	
发展支持	

● 任务巩固 ●

表 3-1-7　幼儿数符号的发展路径要点回顾

知识与能力要点	掌握程度	学习建议
幼儿数符号的发展	☆☆☆	理解　识记　运用
幼儿数概念的发展阶段及其形成的基本标志	☆☆☆	理解　识记　运用

● 思考与练习 ●

幼儿数概念的发展分别经历了哪些阶段？

任务三　幼儿数符号的教育

● 任务导览 ●

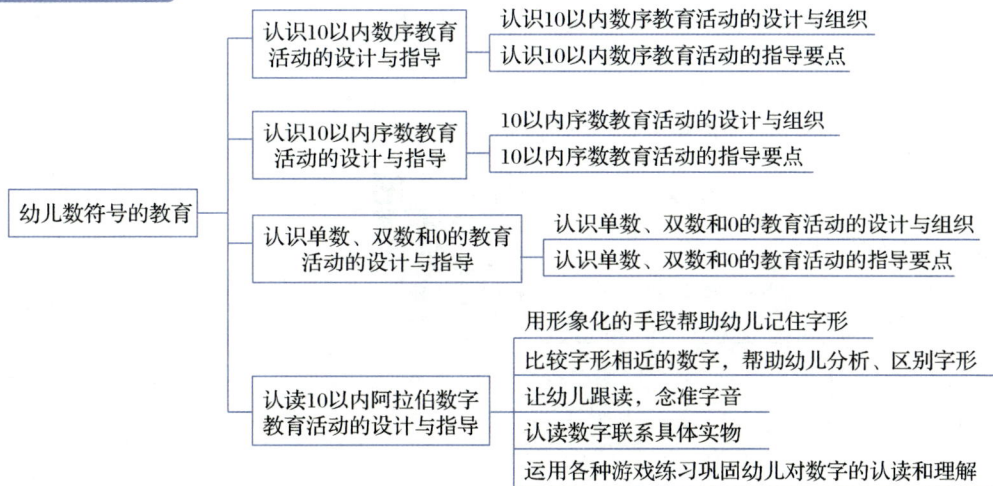

图 3-1-3　幼儿数符号的教育思维导图

● 任务探寻 ●

　　阅读以下活动设计，请判断其属于哪一类数学教学活动，尝试分析此类活动设计具有怎样的特点。

表 3-1-8　"认识 10 以内的单数和双数"教学活动设计

活动名称	认识 10 以内的单数和双数。
活动对象	大班幼儿。
活动目标	1. 幼儿主动参与认识 10 以内单数和双数的数学教育活动； 2. 能较熟练地分辨 10 以内的单数和双数。
活动准备	1. 幼儿经验的准备：认识数字 1—10 并能顺利地唱数。 2. 活动材料的准备：1—10 的数字卡片和圆点数字卡片一套；单数和双数号码牌各一张；单数和双数的车牌号人手一份。
活动过程	一、玩具找朋友，初步感知单数和双数的含义 1. 教师提出要求：请幼儿把自己的玩具两两配对给自己的玩具找朋友，记住游戏结果。 2. 幼儿动手玩游戏。 3. 幼儿与同伴交流游戏的结果。 4. 师幼共同小结：把玩具两两配对，有些小朋友的玩具都可以找到朋友，有些小朋友的玩具却总会剩下一个找不到朋友。那些都能两两配对找到朋友的玩具的个数是双数；而另一些小朋友的玩具两两配对找朋友，会剩下一个没有找到朋友的玩具的个数是单数。 二、利用操作的结果，认识 10 以内的单数和双数 1. 教师出示 1—10 数字卡片，并将它们摆放成一排。 2. 根据幼儿操作的情况，引导幼儿逐一观察、分析、比较，认识 1—10 的单数和双数。 3. 师幼共同归纳：在 1—10 中，1，3，5，7，9 是单数；2，4，6，8，10 是双数。 三、集体游戏，提高幼儿区分 10 以内单数和双数的能力 1. 圈一圈：教师出示 1—10 的圆点数字卡片，带领幼儿 2 个 2 个地圈，区分单数和双数。 2. 转一转：转动转盘，当转盘停下时说出指针所指的数是单数还是双数。 四、分组活动，提高幼儿区分 10 以内单数和双数的能力 1. 在自己身上寻找分别以单数和双数形式存在的器官及物体。 2. 扔一扔：请幼儿分组玩扔骰子的游戏，记录并判断骰子上的点数是单数还是双数。 五、游戏"过桥"，帮助幼儿较熟练地分辨 10 以内的单数和双数 1. 教师介绍游戏玩法及规则：由于过桥车辆越来越多，为了避免交通堵塞，人们对过桥车辆要进行限制。出示单数号牌时只能让车牌号尾数是单数的车过桥，出示双数号牌时只能让车牌号尾数是双数的车过桥。否则就算违规。 2. 组织幼儿玩过桥游戏：教师当警察，分别举单号、双号牌，幼儿按自己所持有的车牌号，按要求过桥。 3. 引导幼儿在生活中寻找分别以单数和双数形式存在的物体。
活动评析 （请扫码查看）	

● 知识任务 ●

▶▶ 一、认识 10 以内数序教育活动的设计与指导 >>>>>>>>

（一）认识 10 以内数序教育活动的设计与组织

数序，指数的排列顺序。数与数之间是按多 1 或少 1 的等差关系进行排列的，这一点是幼儿掌握数序的关键点，理解这一点是幼儿真正掌握数序的标志。这也是他们理解 1 的后面为什么是 2，3 为什么是排在 2 的后面的基础。

掌握数序建立在具有比较数的大小和认识相邻数的经验的基础上。因此，其学习的顺序为：比较数的大小—认识相邻数—认识数序。

1. 比较数的大小

"比较数的大小"是数词和相应数量的物体不断进行具体对应的过程。其内容有：比较 10 以内的自然数列中相邻两个数的大小和两个数之间所存在的多 1 和少 1 的数差关系；比较 10 以内自然数列中某个数和其他数的大小关系。比较相邻两数的大小的活动通常与计数活动相结合，在教学中，设计与组织思路如下。

第一，利用数的形式直观呈现出一个数相邻的两个数及其大小关系。

首先，以并放对应的形式出示数量相等的两列物体，让幼儿通过对应比较确定其相等，并说出数词；其次，教师在上面一排物体的末端添上一个同样的物体，让幼儿直接观察到物体数量的变化过程，引导幼儿计数并说出新的数词；最后，启发幼儿用语言表达出一个新数的形成过程，X 添上 1 就是 Y。在此过程中幼儿在直观感受数的形成的条件下，体验到原来的数添上 1 就形成了另一个新的数，为理解两数大小关系积累了重要的表象经验。

在比较相邻两数的大小的基础上，首先，引导幼儿观察比较两排物体的数量，启发幼儿对两数进行大小比较，理解两数之间多 1 和少 1 的关系，并学习用语言表达；其次，引导幼儿用"添上"和"拿走"的方法将不同数量的两排物体由不等变成相等或由相等变成不等，在数量的转换中感受、体验和理解两数之间多 1 和少 1 的关系。

第二，通过相邻两个数的比较和转换，启发幼儿理解两数的大小关系。

在比较相邻两数的基础上，比较某个数与其他数的大小关系必须以幼儿认识这些数的实际含义为基础，这类活动一般在中班进行，主要是通过各种操作活动来引导幼儿进行比较，从而理解 1—10 的自然数列中某个数与其他数的大小关系。

2. 认识相邻数

相邻数是指自然数列中与一个数相邻的前后两个数。自然数列中任何一个数与其相邻数之间都存在着多 1 或少 1 的等差关系。学习相邻数一般在大班分两个阶段进行，即认识 2—5 的相邻数与认识 6—9 的相邻数。活动的设计步骤如下。

第一，从整体入手，让幼儿在1—10的自然数列中初步了解相邻数的含义。

教师带领幼儿以唱数和点数的方式复习数字。可以结合数字卡片和实物图片展示，请幼儿按从小到大的顺序排好并说出排列的原因，以此复习10以内相邻两数多1和少1的关系。接着请幼儿找出每个数字的邻居，在直观教具的演示下，幼儿比较容易发现。依此类推，幼儿知道了在数列中，一个数的邻居是它前、后两个数，这样幼儿就对相邻数有了初步的直观了解了。

第二，从个别入手，找出其中的规律性。

教幼儿认识相邻数，不必从2至9逐个进行教学，可以引导幼儿发现规律，运用规律，举一反三。可使用三组实物进行比较，并在每组实物的下边配上相应的数字。比较时，应注意以第二组实物为中心，同左右两组实物对比，以帮助幼儿理解相邻数的含义及相互关系。例如，教完2和3的相邻数以后，就可启发幼儿找出规律：一个数前面的相邻数比它少1，后面的相邻数比它多1。然后，根据这个规律找出其他数的相邻数。

第三，引导幼儿将个别已经验证的规律放回整体中，得出结论。

用类推的方法，引导幼儿比较并得出4，5，6，…各数与自己前、后相邻两数之间多1少1的关系，并进一步启发幼儿发现并归纳出相邻两数之间的关系：一个数的相邻数就是和这个数紧挨在一起做邻居的两个数，这个数比它前面的一个相邻数多1，而又比它后面的一个相邻数少1。

第四，在游戏和操作活动中练习，复习巩固。

幼儿每学完一个数的相邻数之后或者学完了10以内各个数的相邻数之后，应使用各种方式进行练习和巩固。常用的是游戏法和操作法。例如，玩"找朋友"的游戏：发给每个幼儿一张数字卡片，让拿数字卡片"3"的幼儿站出来，那么拿着数字卡片"2"和"4"的幼儿就要迅速地分别站到他的左边和右边。此外，还可以开展问答游戏和开飞机的游戏等。

（二）认识10以内数序教育活动的指导要点

1. 要理解数序教学中从比较数的大小、认识相邻数到认识数序的教学过程

这种教学过程是将对数序的认识分解为从部分到整体的认识过程，让幼儿通过对部分数间关系的掌握，即"两个数之间有大小关系—两个相邻数之间存在多1和少1的关系—相邻数之间的多1和少1的关系（三个数之间）"，感知数与数之间存在着等差关系，进而增强对整体的数序关系的理解，即将多个相邻数串起来的多1和少1的关系组成了自然数间的等差规律，从而构成了数序。这样使幼儿经历了从部分向整体的推进过程，不但学习与认识了数序，而且培养了幼儿的数学构建能力。

2. 要注意衔接点的过渡

从两个数间的分段比较、三个数间的连续比较到10以内数的比较，每个衔接部分都是幼儿学习数序的一个难点。因此，在教学中教师要围绕这 3 个衔接处，精心设计大量的操作活动，让幼儿在活动中突破难点。

▶▶ 二、认识 10 以内序数教育活动的设计与指导 >>>>>>>>

序数指用于表示集合中元素的排列位置，体现物体排列次序的数。10 以内序数的学习是幼儿初步数概念学习的重要内容，幼儿学习序数的关键有两点：一是从哪里开始数，二是朝什么方向数（起点与方向）。

（一）10 以内序数教育活动的设计与组织

认识序数需要具有按物点数的经验并对基数有初步理解，一般分为两个阶段在中班进行：先认识 5 以内的序数，再认识 10 以内的序数。其设计思路如下。

1. 结合具有不同排列样式的教具，明确序列的起点和方向

序数的核心是掌握排列的起点和方向。因为物体排列的位置可以因起点和序列的方向不同而不同。例如，一横排的物体，从左到右，排在最左边的是第一，反过来数，它又成了最后一个；楼房的层次应从下面开始，最下面的是第一层；小朋友爬山，所爬位置最高的是第一；等等。因此，教幼儿学习序数时，要让幼儿明确从哪里数起，按什么方向数，是从左到右、从上到下，还是从前到后，等等。要帮助幼儿学会从不同方向确定物体的排列顺序和位置。在教学中，往往先学习从左往右的排列顺序，再学习其他方向的排列顺序，最后进行综合练习。

教学时，教师可以结合具有不同排列样式的教具，帮助幼儿明确序列的起点和方向。排列可以有横的、有竖的，也可以有表格式的。

2. 演示讲解，帮助幼儿理解序数的含义

初次学习序数，幼儿往往不容易立即说出物体在第几个位置上。在活动中，教师可以结合教具的演示讲解，引导幼儿用计数的方法来确定物体的位置，并强调排列的方向性与顺序性，数到几物体就排第几，使幼儿掌握序数的这两个基本点，在各种变式中保持头脑清醒，帮助幼儿理解序数的含义。

3. 通过游戏和操作，加深幼儿对序数含义的理解

让幼儿在游戏和操作的过程中进一步厘清序数的概念也是一种有效的教学手段。例如，教师可以组织幼儿玩"坐火车"的游戏，幼儿按车票上的号码上车并坐在自己的位置上。这种游戏可以让幼儿直观感受序数的含义，加深对序数的认识。又如在区角活动中，发给幼儿每人 5 张不同的小动物卡片和 1 张画有 5 层楼房的卡片，按"请××住在第几层"的要求，让幼儿将动物卡片放到楼房卡片的对应层上。

4. 结合日常生活，在多种场合使用序数

在幼儿的实际生活中，经常会接触到与序数有关的内容。教师可以结合日常生活，在许多情境中有机地、随时地渗透序数概念的教育。例如，排队买票、上下楼梯、体育竞赛的名次、认识门牌号码、识别电影院的座位号等，

对于这些生活环节，我们都可以进行充分的利用。

（二）10以内序数教育活动的指导要点

1. 教具排列呈多样性

在进行序数教学时，使用的教具应具有多样性，可以将其横向或竖向排列（单排排列），也可以按表格式排列，这有助于使幼儿学会从不同方向确定物体的排列顺序。

2. 用一定标记显示序数的位置

在序数教学活动中一般采用如下的方法，突出显示序数，以利于幼儿区别和记住物体的位置。

第一，同类物体用不同的形状标记，如用正方形、长方形、三角形、圆形等。

第二，同类物体以颜色或形状的不同显示序数的位置。

第三，用数字显示序数位置。

第四，用格子、线条等显示序数位置。

3. 明确从哪里数起，按什么方向数

由于物体排列的位置因起始和方向不同而不同，幼儿学习序数时，首先要明确哪个是第一个，按什么方向数。一般采取用语言提示或用符号约定的方法让幼儿明确。

4. 强调运用计数（数数）的方法确定序数

幼儿对数量少的一排物体能够很快确定出物体排在第几个位置上，但当物体数量较多时，则不容易判断出物体处于第几个位置。因此，在确定物体排列的位置时，教师可以引导幼儿运用计数的方法来确定物体所处的位置。

▶▶ 三、认识单数、双数和0的教育活动的设计与指导 ＞＞＞＞＞＞＞＞

（一）认识单数、双数和0的教育活动的设计与组织

1. 认识单数、双数的活动设计与组织

幼儿期的单数、双数是奇数和偶数教育的一部分，也是幼儿升入小学后学习奇数、偶数的基础，一般在大班进行。对于5—6岁的幼儿，单数、双数是比较抽象的概念，如果单从数字的表现形式进行学习，幼儿很难对其进行理解与区分，这种学习一般采用幼儿操作练习、教师归纳讲解的教育程序。其具体的设计思路如下。

第一，通过"按群计数"的活动，理解单数、双数的含义。

幼儿形成单数、双数的概念，一般是在按群计数的学习中进行的，以"2个2个数"的计数经验，结合"实物两两配对"游戏，让幼儿充分地感知与体验有的物体两两配对正好配完，有的物体两两配完还剩下一个这一现象。与此同时，给予幼儿充分的探讨交流机会，然后归纳出单数、双数的含义：如果将一组物体两两配对正好配完，那么这组物体的个数是双数；如果将一组物体两两配对时总多一个，那么这组物体的个数是单数。

第二，通过各种操作练习，区分单数、双数。

通过对具体物体的操作和各种游戏活动，帮助幼儿区分 10 以内的单数、双数，进一步加深他们对单数、双数概念的理解。例如，提供两组玩具给幼儿，一组玩具中各种物体的数量都是单数，另一组玩具中各种物品的数量都是双数，让幼儿给玩具两两配对找出规律，区分单数、双数。

第三，结合生活实际，学习用单数、双数解决实际问题。

单数、双数在幼儿生活中无处不在，如自己身体上的各种器官数目、生活中成双成对的物体、车牌的尾数、小朋友的学号、电话号码、门牌号码等，都是很好的进行单数、双数学习的素材，将区分单数、双数的内容融入幼儿的生活之中，通过寻找、判断等方式，让幼儿亲身感受和体验单数、双数的概念，同时提高幼儿解决实际问题的能力。

2. 认识数字 0 的教育活动设计与组织

0 是最小的自然数。0 在不同地方，有不同的意义。在幼儿数学教育中，幼儿只需要感知和了解 0 在生活中的具体意义：表示没有；表示分界（某天的气温是 0 摄氏度，水在 0 摄氏度可以结成冰）；表示起点（在测量身高时，测量的起始位置可以用 0 表示）；表示数位（电话号码 7707 中，0 占有一个位置）等。由于 0 是比较抽象的，因此对数字 0 的感知，必须依靠多种活动，特别是与幼儿的生活相结合，才能让幼儿了解 0 的意义和作用。

(二)认识单数、双数和 0 的教育活动的指导要点

1. 必须在生活与操作活动中进行认识

由于单数、双数和 0 都比较抽象，是幼儿数学教育中的难点，幼儿需要有充分的生活经验与操作体验，才能理解其意义与作用，因此在这类教育活动中，教师一定不能单纯地进行讲解，需要在各种活动中渗透相关内容。

2. 必须把握好教学内容的度

对幼儿而言，对于单数、双数的认识，只要知道 2 个 2 个地数，正好数完的那个数叫作双数；2 个 2 个地数，还剩下一个的那个数叫作单数。对 0 的认识，只需要感知、了解 0 在某些场合时的具体意义即可，不需要理解与掌握 0 的全部意义，更不需要概括其规律。教学中教师应根据幼儿的学习状态把握好这个度。

▶▶ 四、认读 10 以内阿拉伯数字教育活动的设计与指导 >>>>>>>

数字是用来记数的抽象符号。幼儿学习认读数字能巩固他们对 10 以内数的认识，提高对数抽象性的理解。数字的认读是指掌握、认识 10 以内的数字，并能用数字正确表示 10 以内物体的数量，这一内容一般安排在中班进行。

认读数字的教育活动是在幼儿学习基数的过程中开展的。在学习基数的过程中，数字与相应物体个数有一个反复对应的过程，在幼儿积累了一定的感性经验的时候引入数字，将数字与物体数量相匹配，使幼儿从具体过渡到抽象，对幼儿理解基数意义有着积极的作用。

（一）用形象化的手段帮助幼儿记住字形

教幼儿认读数字前，教师可以结合多种教具引导幼儿数数，并出示数字。出示了数字符号后，教师可利用幼儿熟悉的事物与数字形象进行比较。在数字旁边配上熟悉的实物图让幼儿认读数字。在直观教具的启发下，幼儿很容易领会1像小棒，2像鸭子，3像耳朵，4像小旗，5像秤钩，6像哨子，7像镰刀，8像葫芦，9像气球，10像小棒和鸡蛋。为了提高幼儿的兴趣，教师还可以运用结合儿歌记诵的形式，让幼儿一边唱数字歌，一边配上相应的动作去熟悉字形。儿歌富有韵律的语言，生动形象的比喻，可强化幼儿的记忆。

（二）比较字形相近的数字，帮助幼儿分析、区别字形

比较、区分外形容易混淆的数字是认读数字教学中的重点和难点。由于幼儿方位知觉发展不够完善，观察不仔细，对2和5、6和9等字形相近的数字容易混淆。因此，教学中对外形容易混淆的数字要多做比较和练习，帮助幼儿分析、区别，形成正确的认识。例如，区别6和9，可形象地比喻"小辫朝上666，尾巴朝下999"。比较2和5，2像鸭子水中游，5像鱼钩能钓鱼。

（三）让幼儿跟读，念准字音

在认读数字时，幼儿容易把3读成"山"，把4读成"市"，把7读成"西"，教师要注意纠正幼儿的发音，多让幼儿跟读，念准字音。

（四）认读数字联系具体实物

教幼儿认读数字时，可以引导他们联系周围事物，说出每个数字所表示的意思。例如，认读4时，可以想小狗有4条腿，我家有4口人等。

（五）运用各种游戏练习巩固幼儿对数字的认读和理解

教学中可运用各种游戏引导幼儿练习计数和理解数字所表示的物体数量。例如，看图数字、按数画物、看数字找卡片、听声音或看动作找数字、看数字做动作、按数取物、按物取数等。

◎ 知识拓展 ◎

数字资源3-1-3：教学活动
设计"学习5以内的序数"

数字资源3-1-4：教学活动设计"数字
邻居——学习5以内的相邻数"

数字资源3-1-5：教学
活动设计"兔——的胡萝卜"

◎ 任务迁移 ◎

1. 设计一个组织幼儿认识单数、双数的活动方案。

2. 设计一个组织幼儿认识10以内数序的活动方案。

● 任务巩固 ●

表 3-1-9 幼儿数符号的教育要点回顾

知识与能力要点	掌握程度	学习建议
认识 10 以内数序教育活动的设计与指导	☆☆☆☆☆	理解 识记 运用
认识 10 以内序数教育活动的设计与指导	☆☆☆☆☆	理解 识记 运用
认识单数、双数和 0 的教育活动的设计与指导	☆☆☆☆☆	理解 识记 运用
认读 10 以内阿拉伯数字教育活动的设计与指导	☆☆☆☆☆	理解 识记 运用

● 思考与练习 ●

1. 简述引导幼儿认识 10 以内数序的教学方法与步骤。

2. 举例说明引导幼儿认识单数、双数的教学方法。

单元二 幼儿计数的教育

任务一 幼儿计数的核心经验

● 任务导览 ●

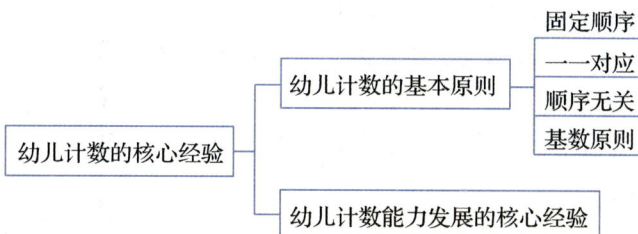

图 3-2-1 幼儿计数的核心经验思维导图

● 任务探寻 ●

请观察幼儿的计数行为，根据以下记录表进行观察记录，并结合《3—6 岁儿童学习与发展指南》中科学领域下"感知和理解数、量及数量关系"的分段目标，对所观察到的幼儿数概念的发展水平进行评价。

表 3-2-1 _____ 班幼儿观察记录表

序号	姓名	年龄	事件记录	评价
1				
2				
3				

知识任务

计数是一种有目的、有手段、有结果的操作活动，以确定物体的数量为目的，以数数的操作为手段，以数作为结果。计数活动的实质是将具体集合中的元素与自然数列里从"1"开始的自然数建立起一一对应的关系。在不遗漏、不重复的情况下，数到最后一个元素所对应的数就是计数的结果，也就是总数。

▶▶ 一、幼儿计数的基本原则 >>>>>>>

大部分幼儿在进入幼儿园之前就已经可以正确地唱数1—20的数字，但是我们需要明确的是能够正确地唱数并不意味着幼儿可以准确地进行计数活动，一般来说，计数对象的性质、计数的方式及计数对象呈现的方式都会影响幼儿计数的水平。因此，幼儿在进行计数时，需要遵循以下四个原则，后一个原则的掌握需要建立在对前一个原则理解的基础上。

(一)固定顺序

固定顺序原则即点数过程中唱数数词的顺序固定不变。例如，在幼儿入园后的晨谈中，教师会组织幼儿进行常规点名，一名幼儿按照一定的顺序，轻轻摸一个小朋友的头同时喊出数词"1"，当摸第二个小朋友的头时喊出数词"2"，以此类推"3、4、5……"。在体育游戏中，幼儿对自己拍的皮球个数进行点数时也是按照"1、2、3、4、5、6、7、8、9、10……"的顺序进行的。无论点数哪一类集合，计数过程中唱数的数词顺序固定不变，按照阿拉伯数字系统顺序，从1开始，后一个数字总比前一个多1，前一个总比后一个少1，以10进位为基础，形成了一个可预测、固定顺序的阿拉伯数字系统。

(二)一一对应

一一对应原则是指将要数的集合中的每一个元素与一个数词相对应，一个数词仅对应集合中的一个元素。幼儿在点数时常常出现将一个物体重复数或者数词顺序错误的情况。因此，要想正确地将物体集合中的每一个元素与数词一一对应，就需要幼儿能够正确地唱数数词，在固定顺序原则的基础上一一对应元素与数词。教师在一日生活中可以随时随地利用身边的事物展开教学，例如，幼儿在担当小小值日生发放餐勺和餐盘的过程中，教师就可以问问"你刚才发了几个餐盘?"或在点心时间问问幼儿"你的餐盘上有几块小饼干?"并引导幼儿点一个说一个数字，不跳过，不重复，说出最后一个数就是总数。

(三)顺序无关

顺序无关原则，即点数的结果不受点数物体顺序的影响。例如，点数栗子时无论是从左往右还是从右往左，无论是转圈数还是毫无规律地点数，只要建立在固定顺序和一一对应的原则上，数出的结果都是唯一的。但在实际的点数过程中，由于幼儿年龄较小，生理和心理发展的限制使得获得正确的点数结果并非易事，因此面对杂乱分散的积木，点数时我们一般会拿起一个数一个并放在这堆积木的另一侧加以区分。

（四）基数原则

基数原则，即计数到最后一个物体时，其所对应的数词就是这个集合的总数。幼儿在点数时经常出现的问题就是：尽管幼儿可以正确地对物体进行点数，但当被问及一共有多少个物体时，往往很难做出正确的回答。这就表明幼儿还没有掌握计数的基数原则。

当幼儿点数时，可以通过以下方式观察幼儿是否已经掌握基数原则：

第一，点数后可以正确地回答"一共有多少个"。

第二，能够按数取物。当要求幼儿在一个大集合中拿出一定数量小集合的物体时，幼儿可以顺利进行区分。例如，从一堆糖果中拿出 6 个糖果。

第三，能够"接着数"，即当教师给了幼儿 2 个苹果后，继续给幼儿 3 个苹果，问一共有多少个苹果的时候，幼儿能够在"2 个苹果"的基础上，接着数"3、4、5"，并知道一共有 5 个苹果。

第四，对集合总数的认识不受物体排列顺序的影响。无论一套七巧板被拼接成正方形还是各种各样的图案，幼儿都能意识到一共有七块板。

▶▶ 二、幼儿计数能力发展的核心经验 >>>>>>>

幼儿计数能力发展的核心经验如表 3-2-2 所示。

表 3-2-2　幼儿计数能力发展的核心经验

年龄阶段	3—4 岁	4—5 岁	5—6 岁
核心经验	能通过一一对应的方法比较两组物体的多少。	能通过数数比较两组物体的多少。	借助实际情境和操作（如合并或拿取）理解"加"和"减"的实际意义。
	能手口一致地点数 5 个以内的物体，并能说出总数，能按数取物。	能通过实际操作理解数与数之间的关系。例如，5 比 4 多 1；2 和 3 合在一起是 5。	能通过实物操作或其他方法进行 10 以内的加减运算。
	能用数词描述事物或动作。例如，我有 4 本图书。	会用数词描述事物的排列顺序和位置。	能用简单的记录表、统计图等表示简单的数量关系。

● 知识拓展 ●

数字资源 3-2-1：教师引导幼儿计数的集体教学活动

● 任务迁移 ●

在幼儿一日生活中的各方面都存在着计数活动，请你观察幼儿的计数活动，并将其表现记录在表 3-2-3 中。

表 3-2-3　计数活动记录表

生活场景	计数活动

● 任务巩固 ●

表 3-2-4　幼儿计数的核心经验要点回顾

知识与能力要点	掌握程度	学习建议
计数的基本原则	☆☆	理解　识记　运用
幼儿计数能力的核心经验	☆☆☆☆	理解　识记　运用

● 思考与练习 ●

　　幼儿计数的基本原则有哪些？

任务二　幼儿计数的发展路径

● 任务导览 ●

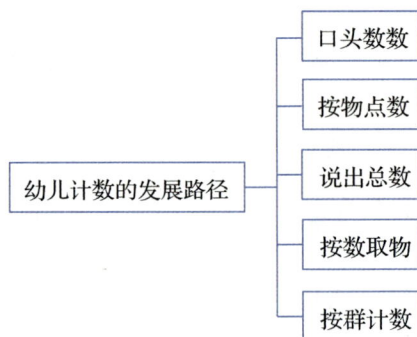

图 3-2-2　幼儿计数的发展路径思维导图

● 任务探寻 ●

　　请在幼儿园见习时，完成以下行为的记录，并尝试对幼儿的表现进行评价。

表 3-2-5　幼儿计数的表现及评估

年龄	行为描述	评估等级

● 知识任务 ●

幼儿计数能力发展的顺序是：口头数数（口手不一致），按物点数（口手一致但说不出总数），说出总数（说出计数的结果），按数取物，按群计数。只有当幼儿能说出物体的总数时，才算理解了数的实际意义。

▶▶ 一、口头数数 >>>>>>>>

口头数数也称"唱数"，指幼儿在数数的过程中，没有动作与具体的被数对象，只是以口头语言的方式按顺序说出自然数。

4 岁以前的幼儿凭借机械记忆和模仿学习多数能唱数到 10，但大多数幼儿像背儿歌似的背诵这些数字，带有顺口溜的性质，在头脑中并没有形成一个数词与相应的实物一一对应的联系，幼儿还不理解数的实际意义。这一阶段幼儿口头数数会表现出一些特点：幼儿一般只会从 1 开始有序地往下数，如果遇到干扰就不会数了；幼儿一般不能从中间的任意一个数开始数，更不会倒着数数；幼儿在口头数数时，常会出现数字前后顺序错乱或循环重复某一数字的现象。5 岁以后的幼儿很多能从中间任意一个数开始接着往下数，但遇到进位时常发生错误，往往又会从头数起。尽管口头数数是一种机械记忆的结果，但对幼儿理解自然数的顺序还是有积极意义的。

实际上，幼儿这时仅仅掌握了数的顺序而非数量的概念。他们的口头数数能力并不能代表其计数能力的发展水平，而只是一种机械记忆，是计数的最低水平。

▶▶ 二、按物点数 >>>>>>>>

按物点数是指幼儿在数数的过程中用手逐一指点物体，同时又顺序地说出数词，并使说出的数词与所指点的物体一一对应。正确的按物点数需要手、眼、口、脑协同合作。因此，按物点数的难度超过口头数数，是口头数数后幼儿必经的计数过程。

3—4 岁的幼儿点数实物时，特别是点数 5 个以上的实物时，往往手口不一致，不是手点得快、口说得慢，就是口说得快、手点得慢，经常漏数或重复数。出现这种现象，一是由于幼儿不理解数词的实际含义，不知道点数实物时，必须将被数的实物与自然数列里从 1 开始的自然数词建立一一对应的关系；二是按物点数时，要求多个器官（手、眼、口、脑等）协同一致活动，幼儿在 5 岁以前，由于大脑皮层抑制机能发展不完善，手眼协调动作不灵活，再加上口头数数还不熟练，因此会产生手口不一致的现象。

4—6 岁的幼儿逐渐对数的实际意义有所理解，且感官和动作的协调能力也逐步发展，逐步具有手口一致地点数物体的能力。

▶▶ 三、说出总数 >>>>>>>>

说出总数是指幼儿在按物点数的过程中用点数的最后一个数词代表所数

过的物体的总数量，并说出这些所数物体的总数，即解决"一共有几个"的问题。幼儿能手口一致地点数物体并说出总数，需要对具体的一群对象进行最初的数抽象，意味着幼儿学会了计数，理解了数的实际含义，能把数过的实物作为一个整体数群来把握，形成了初步的数概念。

3—4 岁的幼儿点数完物体后，要让他们正确地说出总数相当困难。例如，幼儿点数后，如果问他"一共有几个"，幼儿往往回答"不知道"，或者重复点数的过程，或随便说出一个数等。当幼儿开始意识到说出的最后一个数词就是物体的总数时，这种认识很不稳定，而且每次点数的结果可能不一致。

4—5 岁的幼儿经过学习与训练，大多数都能说出数量在 10 个以内的物体的总数。

▶▶ 四、按数取物 >>>>>>>>

按数取物是对数概念的实际运用。按数取物首先要求幼儿记住所要取的数目，然后按数目取出相应的实物。

3—4 岁的幼儿一般只能按数取出 5 个以内的实物。

5—6 岁的幼儿计数的范围逐步扩大，计数的准确性也逐步提高，基本上都能按指定的数正确取出实物。

▶▶ 五、按群计数 >>>>>>>>

按群计数是指计数时不以单个物体为单位，而是以数群为单位（如以 2 为单位计数，即 2，4，6，8，10，…，以 5 为单位计数，即 5，10，15，…），确定总数。

这种计数是数群概念初步发展的标志之一。按群计数需要将能代表一个物体群的数作为一个整体去把握，不需要用逐一计数的方法确定物体的数量，标志着幼儿具有了一定的数抽象水平。

5—6 岁的幼儿通过学习能够逐步运用按群计数的方法说出总数，此时的幼儿也可以理解单数、双数的概念。

此外，需要注意的是，数的守恒也是幼儿计数能力发展的重要衡量标准。数的守恒是指一组物体的数量不因其体积大小和排列形式等的改变而改变。数的守恒是一个逻辑概念。

4—5 岁的幼儿在判断物体数量时，往往会受物体的大小或排列形式等干扰。例如，对数量相同而体积大小不同的两组物体进行比较时，多数幼儿会错误地认为体积大的一组数量多，体积小的数量少；同样分别将两组数量相同的物体排成一列，幼儿会认为稀疏的一组数量多，紧密的一组数量少。

5 岁以上的幼儿，随着逻辑思维能力的逐步发展与对数的实际意义的逐步理解，能初步掌握 10 以内的数的守恒。

例如，对于 5 块大积木和 6 块小积木，具有数的守恒能力的幼儿，不会因为看上去大积木比小积木大而认为大积木的数量比小积木的数量多。他们能用计数的方法做出判定：大积木是 5 块，小积木是 6 块，小积木的块数比大积木的块数多，大积木的块数比小积木的块数少。

幼儿掌握了数的守恒，体现的是较高层次的数概念水平。

◉ 知识拓展 ◉

数字资源 3-2-2：幼儿数数的核心经验

◉ 任务迁移 ◉

选择 3—6 岁的幼儿一名，对其计数能力的表现进行观察记录，增进对幼儿计数能力发展特点和规律的认识。

表 3-2-6　_____班幼儿观察记录表

幼儿姓名		观察人	
观察时间		观察地点	
观察目的			
观察方法			
观察实录			
分析说明			
发展支持			

◉ 任务巩固 ◉

表 3-2-7　幼儿计数的发展路径要点回顾

知识与能力要点	掌握程度	学习建议
幼儿计数能力的发展及其特点	☆☆☆	理解　识记　运用

思考与练习

简述幼儿计数能力的发展顺序。

任务三　幼儿计数的教育

任务导览

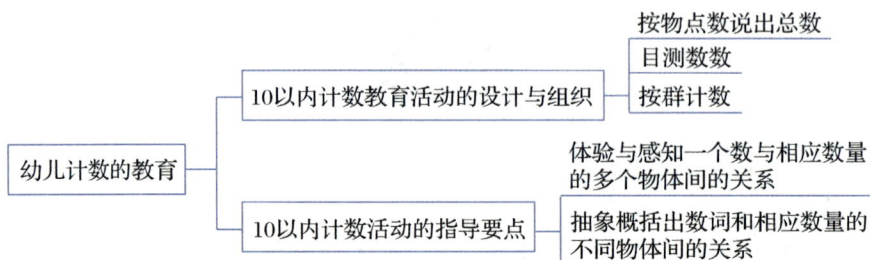

图 3-2-3　幼儿计数的教育思维导图

任务探寻

观看教师指导幼儿进行计数的视频,分析幼儿进行计数时需注意的要点,并思考教师如何根据幼儿计数发展特点进行活动设计和组织。

数字资源 3-2-3:点数

知识任务

▶▶ 一、10 以内计数教育活动的设计与组织 >>>>>>>>

计数活动是帮助幼儿形成数的初步概念的基本活动,计数活动有着丰富的内容。从计数活动的结构来看,可以分为内容和动作两个方面。内容方面主要指唱数、点数(包括按物取数或按数取物)、目测数数、按群计数;动作方面主要指手的动作和语言动作。手的动作有:触摸物体、指点物体、用眼代替手区分物体。语言动作有:大声说出数词、小声说出数词、默数。

教师可以按照从易到难、从简单到复杂、从具体到抽象的顺序,来安排计数活动。具体为按物点数说出总数、目测数数、按群计数。

(一)按物点数说出总数

按物点数说出总数是幼儿数数活动的基本方式,是幼儿认识数的实际含义的基础。根据幼儿身心发展的特点,幼儿一般要经历"用手指点数—用点头的方式点数—用眼睛点数—目测直呼总数(在头脑中点数)"的过程,这一过程一般分解到三个年龄段进行学习。各年龄段在教学时常用演示讲解法和变式训练法这两种方法，同时也用其他的数学教学方法与教学手段。

1. 演示讲解法

小班：让幼儿进行模仿练习，学习用手进行点数。小班幼儿进行点数时，经常会出现手口不一致的现象，教师可结合实物演示讲解点数方法。将物体排成一行，从左向右，用手指着物体一个一个点数，点一个说一个数词。为突出强调点数的最后一个数就是表示物体的总数，每次点数完教师都要一边用手指画一个圈，一边问"一共有几个"，让幼儿说出总数。

中班：让幼儿进行模仿练习，学习用眼睛进行点数的技能。对10以内的数从用点头的方式进行点数逐步过渡到用眼睛进行点数，感知和体验数与物体数量的对应关系。

在幼儿掌握手口一致地点数物体的技能的基础上，可逐步增加要点数的物体的数量，如从5个逐步增加到10个。同时，也可逐步引导幼儿从用点头的方式进行点数过渡到用眼睛点数。

首先，幼儿学习用点头的方式进行点数的技能。在此阶段教师要反复强调"看一个东西，点一下头，说一个数"，以帮助幼儿掌握其中要点，学会用点头的方式进行点数。其次，幼儿学习用眼睛进行点数的技能。在此阶段教师要强调"看一个东西，说一个数"。幼儿从用手指点数物体到用点头的方式点数物体再到用眼睛点数物体，这个过程是其点数能力逐步提高的过程。

大班：让幼儿进行模仿练习，学习在头脑中进行点数的技能。学习与掌握在头脑中进行点数10以内数的技能，初步理解10以内基数的含义。

在幼儿熟练地掌握用眼睛进行点数的基础上，引导幼儿学习在头脑中"默数"后说出总数，即达到"目测并直呼"的水平，使幼儿将按物点数的动作内化，促使幼儿在感性经验的基础上，逐步抽象概括出数词和相应数量之间的关系，初步理解数的实际含义。

教师演示讲解，幼儿进行模仿学习。第一步，看着物体将音量放低"小声数"；第二步，看着物体"用别人听不到的声音数"；第三步，看着物体先不发声"在头脑中数"，然后直接说出总数，即达到对物体数量进行目测并直呼总数的目的。

2. 变式训练法

变式训练法是让幼儿进行独立练习，掌握用手进行点数的技能。

教师准备形式不同、数量相同的不同物体，让幼儿从模仿练习开始逐步学会独立地按物点数，在此期间注意强调"一共有几个"。一般常用的有4种变式训练，如表3-2-8所示。

表 3-2-8　变式训练法

变式	小班	中班	大班
一	提供相同数量（5 以内）、不同种类的物体进行点数。	提供不同数量（10 以内）、不同种类的物体进行点数。	改变点数物体的单位，"按群"进行计数。
二	改变物体的排列方式进行点数。		
三	使用不同的点数方式进行点数。		
四	使用多种活动形式进行点数。		

变式一：

针对小班幼儿，教师可提供相同数量（5 以内）、不同种类的物体进行点数，即点数数量相同的多种不同的实物，例如，点数数量相同的水果、动物、蔬菜和房屋等。

针对中班幼儿，使用不同数量（10 以内）、不同种类的物体进行点数。可让幼儿点数颜色不同、大小不同、形状不同、排列方式不同的不同数量的物体，例如，点数颜色不同的 6 朵小花，大小不同的 8 架飞机，形状不同的 9 座房子等，逐步增大点数的难度（用手、头、眼睛等进行点数），巩固所学的各种点数技能。

针对大班幼儿，改变点数物体的单位，"按群"进行计数。结合认识单双数，引导幼儿先以 2 个物体为单位"按群"进行计数，再以 5 个物体为单位"按群"进行计数，以增强幼儿对抽象数概念的理解。

变式二：改变物体的排列方式进行点数。例如，点数数量相同的排成行或排成列的物体、排得稀疏或排得紧密的物体，点数圈形物体（项链上的珠子等）、合形物体（一束束花朵、一群兔子等）、分散型物体（活动室的椅子、各区角的玩具等），逐步加大点数的难度，从而逐步提高点数能力，积累目测物体数量的经验。

变式三：使用不同的点数方式进行点数。例如，用手指点数静态的物体，边移动物体边点数或边取放物体边点数等。

变式四：使用不同的活动形式进行点数。可采取游戏活动、数学区域活动、日常生活活动等多种形式配合进行，使幼儿头脑中数词与物体数量的联系在各种趣味性的活动中得以建立与强化。

（二）目测数数

目测数数是指不用一一地点数，而是用眼看，在心中默数，并说出总数。对幼儿进行目测数数的培养，是提高幼儿计数能力很重要的一个方面，而且还可以让幼儿体会到使用不同计数方法的乐趣。目测数数活动设计的要点主要包括以下几点。

第一，制定适宜的活动目标。幼儿在 2 岁时，能准确目测 1—3 个物体，3 岁半增长为 3—4 个物体，因此，教师应根据幼儿年龄和水平制定目测数数活动目标。一般来说，小班目测数为 1—3 个，中班目测数为 1—5 个。

第二，从点数到目测数数需要有一个逐步发展的过程，在过渡阶段可以引导幼儿学习用"接数"的方法，即先目测一部分，再接着数完剩余的部分。随着幼儿计数能力的提高，逐步增加目测部分的数量，逐步培养幼儿达到"目测并直呼总数"的水平。

第三，与生活结合，选择熟悉的材料和场景练习目测数数。幼儿在家中、幼儿园、户外常见的事物都可以作为目测材料，如玩具、桌子、椅子、动物、水果等。

(三)按群计数

按群计数是计数时不以单个物体为单位，而是以群体为单位，如 2 个 2 个地数，5 个 5 个地数等。这表明幼儿已具有更加抽象的水平，因他能将代表一个物体群的数作为一个整体去把握，而不需用实物和逐一计数来确定物体群的数量。按群计数是大班的重点活动。学习按群计数，首先要帮助幼儿建立数群的概念。例如，学习 2 个 2 个地数数时，教师可结合实物演示，先将物体 2 个 2 个地摆放，以 2 为单位分群，然后再引导幼儿把 2 个物体作为一个整体去点数：2，4，6，8，……幼儿建立了数群概念后，教师应该提供和创造各种各样的操作活动或游戏活动，让幼儿练习按群计数，提高幼儿按群计数的能力。此外，还可以把按群计数渗透到幼儿的日常生活中，例如，可以充分利用幼儿园生活中的点名、搬桌椅等环节开展活动。

▶▶ 二、10 以内计数活动的指导要点 >>>>>>>>

(一)体验与感知一个数与相应数量的多个物体间的关系

幼儿从按物点数开始，点数不同类型的多种实物，反复地将一个数与多种相应数量的物体相对应。教学中应让幼儿积累一个数与多个物体相对应的经验，体验与感知一个数和相应数量的多个物体的对应关系。

(二)抽象概括出数词和相应数量的不同物体间的关系

对于中班和大班幼儿，让幼儿反复地将一个数与相应数量的多种物体相对应，并在此基础上进行适当启发，引导幼儿抽象概括出"某数可以表示所有与此数数量相等的东西……""凡是数量相等的东西，都可以用同一个数来表示"，使幼儿对与相应数量的物体间的关系进行初步的抽象概括，提升其对基数的实际意义的理解。

● 知识拓展 ●

数字资源 3-2-4：按数取物的游戏活动
——摘苹果

数字资源 3-2-5：教学活动设计
"魔法师的神奇罐"

● 任务迁移 ●

设计一个组织幼儿进行计数的活动方案。

● 任务巩固 ●

表 3-2-9　幼儿计数的教育要点回顾

知识与能力要点	掌握程度	学习建议
计数教育活动的设计、组织与指导	☆☆☆☆	理解　识记　运用

● 思考与练习 ●

简述引导幼儿进行计数的教学方法。

单元三　幼儿数运算的教育

任务一　幼儿数运算的核心经验

● 任务导览 ●

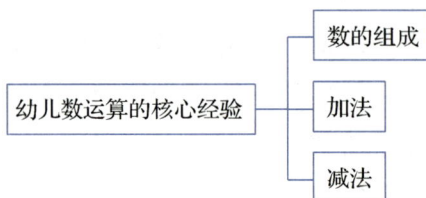

图 3-3-1　幼儿数运算的核心经验思维导图

● 任务探寻 ●

请观察幼儿的数运算行为，根据以下记录表进行观察记录，并结合《3—6 岁儿童学习与发展指南》中科学领域下"感知和理解数、量及数量关系"目标对所观察幼儿数概念的发展水平进行评价。

表 3-3-1 _____ 班幼儿观察记录表

序号	姓名	年龄	事件记录	评价
1				
2				
3				

● 知识任务 ●

　　和计数类似，数运算也是一种有目的、有手段、有结果的操作活动，通过给集合中添加物体或减少物体来得到一个新的数量，这需要幼儿运用一定的策略来获得正确的结果。幼儿在日常生活中经常会遇到类似的数学问题，即使没有经过系统的数运算教育，幼儿有时也可以根据自己的经验来解决问题。在掌握数运算的基本策略之前，我们首先需要了解关于数运算最基本的原理，即数的组成和加减法。

▶▶ 一、数的组成 >>>>>>>

　　数的组成指数的结构，包括组合与分解两个方面。数的组合是指除 0 和 1 以外的任何一个自然数都是由两个或两个以上的部分数组成的。数的分解是指除 0 和 1 以外的任何一个自然数都可以分成两个或两个以上的部分数。

　　对于幼儿而言，只需要掌握 10 以内的自然数分成两个部分数的问题，有关数的组成均在这个范围内。

　　数的组成实质上是总数与两部分数之间的等量关系。相对总数而言，两个部分数存在互补关系和互换关系，即三个数群之间的等量、互补和互换的关系，如图 3-3-2 所示。

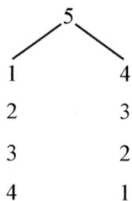

```
      5
    /   \
   1     4
   2     3
   3     2
   4     1
```

图 3-3-2　5 的组成

▶▶ 二、加法 >>>>>>>

　　加法是指两个或两个以上的数合成一个数的计算方法，可以用 $a+b=c$ 来表示。其中，数 a 和数 b 叫作加数，数 c 叫作和，符号"＋"叫作加号，读作"加"，"＝"叫作等号，读作"等于"。从集合的概念来看，加法就是求两个没有公共元素的有限集合的并集的基数。幼儿学习的加法运算主要是两个数合并成一个数的运算。对于加法运算的法则，这里主要学习交换律，即 $a+b=b+a$，也就是交换加数的位置，它们的和是不变的。

▶▶ 三、减法 >>>>>>>

　　减法是指一个数减去另一个数的计算方法，可以用 $a-b=c$ 来表示。其中 a 叫作被减数，b 叫作减数，c 叫作差，符号"－"叫作减号，读作"减"。从集合的概念来看，减法就是求有限集合与它的子集的差集的基数。对于幼儿而言，只需知道从一个整体里去掉一部分求还剩多少需要应用减法运算，知道减法运算是加法运算的逆运算即可。

◉ 知识拓展 ◉

数字资源 3-3-1：幼儿数运算教育的误区

◉ 任务迁移 ◉

在幼儿一日生活中的各方面都存在着数运算活动，请你收集你身边可能存在的幼儿的数运算活动，记录在表 3-3-2 中。

表 3-3-2　数运算活动记录表

生活场景	数运算活动

◉ 任务巩固 ◉

表 3-3-3　幼儿数运算的核心经验要点回顾

知识与能力要点	掌握程度	学习建议
数的组成、加法、减法	☆☆	理解　识记　运用

◉ 思考与练习 ◉

1. 学习数的组成对于幼儿 10 以内数运算具有怎样的意义？

2. 常用的数运算的方法有哪些？结合具体实例谈谈幼儿是如何进行数运算的。

任务二　幼儿数运算的发展路径

◉ 任务导览 ◉

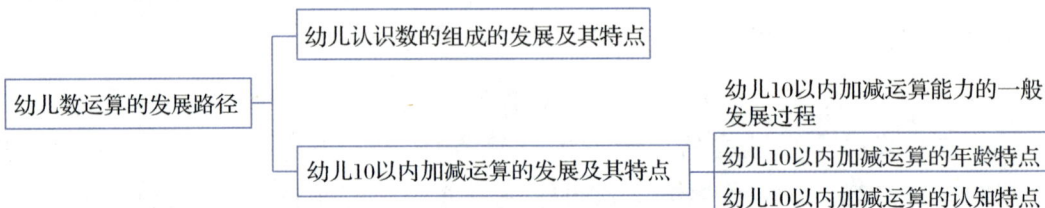

图 3-3-3　幼儿数运算的发展路径思维导图

• 任务探寻 •

　　自由选择 3—4 岁、4—5 岁、5—6 岁幼儿在 10 以内加减运算方面的表现进行观察，对照"知识任务"中"幼儿 10 以内加减运算的年龄特点"中的行为描述指标进行记录并评估其发展等级。

表 3-3-4　幼儿 10 以内加减运算的表现及评估

年龄	行为描述	评估等级

• 知识任务 •

▶▶ 一、幼儿认识数的组成的发展及其特点 >>>>>>>>

　　数的组成（幼儿阶段只学习一个数分成两个部分数）是一种概念水平上的运算，也是进一步理解数之间关系的基础（总数与两个部分数间的包含关系、部分数与部分数之间的互换关系和互补关系）。幼儿在抽象概念水平上掌握数的组成关系，是学习加减运算的基础。因此，幼儿掌握数的组成比理解基数和序数等要难一些。幼儿要理解数的组成，首先要理解基数，有初步的数群概念，并且要有一定的分析、综合和比较的能力。

　　5 岁以后的幼儿多数能借助教具和实物进行分合操作，初步理解数的组成，理解总数与部分数之间的关系。例如，会按要求把 10 个以内的物体分为不同的两个部分，再把这两个部分合起来恢复成原来的样子。

　　6 岁左右的幼儿基本上掌握了 10 以内数的组成，能用语言表达出 2—10 的所有组成形式，理解总数与部分数、部分数与部分数之间的关系。

▶▶ 二、幼儿 10 以内加减运算的发展及其特点 >>>>>>>>

（一）幼儿 10 以内加减运算能力的一般发展过程

　　幼儿加减运算的发展，经历了从实物操作到表象再到概念的过程，这个过程又可以概括为从具体到抽象、从逐一加减到按数群加减两个方面。这两个方面的发展从不同角度反映了幼儿思维抽象性逐渐发展的轨迹与水平。

　　1. 从具体到抽象

　　幼儿加减运算概念的发展过程可划分为动作水平的加减、表象水平的加减和概念水平的加减三个层次。

　　2. 从逐一加减到按数群加减

　　幼儿学习加减法要经过从逐一加减到按数群加减的发展过程，这个过程从形式上看是运算方法的变更问题，但实质上反映了幼儿在加减运算中思维抽象性的不同水平。

(二)幼儿 10 以内加减运算的年龄特点

4 岁以前的幼儿不会自己动手将实物分开或合拢，他们不理解加减的含义，加减运算对于这个年龄的幼儿来说是很困难的。

4—5 岁的幼儿一般会自己动手将实物合拢或取走，并点数结果，但这时他们必须运用实物从头开始逐一计数才能得出结果。他们对抽象的加减不感兴趣，也不理解。但 4 岁以后的幼儿已经具有初步运用表象进行简单加减运算的能力了。

5 岁以后，幼儿能把学习到的顺数和倒数运用到加减运算中，幼儿借助摆弄实物，用眼睛认真观察，可在心中进行加减运算。5 岁半以后，随着数群概念的发展，他们运用实物操作和表象解决实际问题的能力得到进一步提高，特别是学习了数的组成以后，通过教师指导可以运用数的组成的知识进行加减运算，实现了从逐一加减向按数群加减的过渡。

(三)幼儿 10 以内加减运算的认知特点

1. 加减法的含义是通过实际活动逐步理解的

为幼儿设置与他们生活经验有关的情境，他们可以较轻松地说出情境中计算问题的结果，但他们难以直接说出是用什么方法进行计算的。

2. 幼儿掌握减法比掌握加法更困难一些

幼儿在借助实物操作进行加减运算时，逐一点数两组物体的和或是点数从一组物体中去掉一部分后所剩的部分，在难易上差异不是很大。但如果让幼儿运用表象进行计算，学减法比学加法就要困难得多。其中一个原因与幼儿在生活中接触减法较少有关，但更重要的是与计数方法有关。在计算加法时，幼儿可以运用顺数来解决，而在计算减法时，幼儿通常要运用倒数来解决，这就比较困难。总之，由于幼儿的逆向思维发展比较迟缓，所以在计算减法时要比计算加法时困难。

3. 学习加小数、减小数的问题容易，学习加大数、减大数的问题较难

幼儿在运用实物进行加法学习时，大数加小数容易掌握，而小数加大数则感到困难。在学习减法时，减数小容易掌握，减数大则感到困难。这可能与幼儿已有的数概念的经验有关，幼儿在认识基数和序数时，对相邻两数的数差关系、相邻数之间的数差关系和 10 以内数序的等差关系已有了初步认识，再加上对顺数、倒数等的学习，这些经验能帮助幼儿解决加小数、减小数的问题。但是加大数、减大数不太容易运用上述经验来解决，故幼儿学习起来比较困难。

● 知识拓展 ●

数字资源 3-3-2：幼儿加减运算的学习路径

◦ 任务迁移 ◦

选择 3—6 岁的幼儿一名，对其认识数的组成和 10 以内加减运算方面的表现进行观察记录，增进对幼儿数运算学习特点和规律的认识。

表 3-3-5 _____ 班幼儿观察记录表

幼儿姓名		观察人	
观察时间		观察地点	
观察目的			
观察方法			
观察实录			
分析说明			
发展支持			

◦ 任务巩固 ◦

表 3-3-6 幼儿数运算的发展路径要点回顾

知识与能力要点	掌握程度	学习建议
幼儿认识数的组成的发展及其特点	☆☆☆	理解 识记 运用
幼儿 10 以内加减运算的发展及其特点	☆☆☆	理解 识记 运用

◦ 思考与练习 ◦

1. 幼儿认识数的组成的一般过程是什么？
2. 幼儿 10 以内加减运算的年龄特点是什么？

任务三　幼儿数运算的教育

任务导览

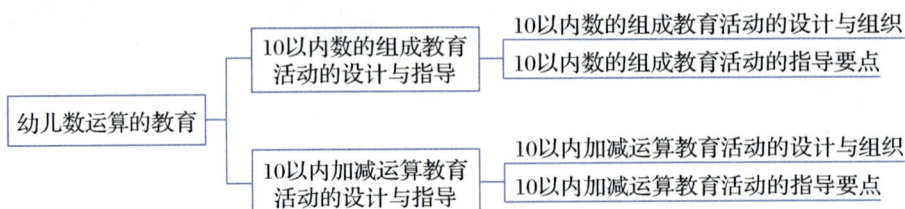

图 3-3-4　幼儿数运算的教育思维导图

任务探寻

阅读以下活动设计，尝试分析此类活动设计具有怎样的特点或要点。

表 3-3-7　"学习 5 的分解和组合"教学活动设计

活动名称	学习 5 的分解和组合。
活动对象	大班幼儿。
活动目标	1. 参与学习 5 的分解和组合的数学活动，乐意动手操作，体验成功发现数学秘密的快乐。 2. 学习 5 的分解和组合，了解并归纳出分合式中两边数列分别是递增与递减的关系。
活动准备	数字卡片 1—5、分合符号、手偶娃娃。幼儿的操作材料，包括糖果 5 颗，1—5 的数字卡片若干，红色糖果瓶和蓝色糖果瓶各一个。
活动过程	一、情境导入 导入手偶娃娃来做客的情境。 二、学习 5 的分解 1. 手偶娃娃送礼物：手偶娃娃给小朋友们带礼物来了，请你们看一看是什么？数一数糖果共有几颗？ 2. 教师提出问题：请你们将手中的糖果分别装入红色糖果瓶和蓝色糖果瓶中，想一想可以怎样分？ 3. 鼓励幼儿大胆动手操作，用不同的方法将 5 颗糖果分别装入两个糖果瓶中。 4. 师幼一起记录糖果的几种不同分法。 三、学习 5 的组合 教师引导幼儿根据糖果的不同分法，逐一将糖果从糖果瓶中取出，数一数共有几颗糖果，并说出总数 5。 四、观察分析 教师按递增规律和递减规律重新摆放出 5 的分合式，引导幼儿观察、分析并归纳分合式两边数列的递增和递减关系。 1. 分合式两边各是哪些数？ 2. 左右两边的数 1—4 各是怎样排列的？ 3. 左边的数从上往下越来越怎么样？每次多几个？右边的数从上往下越来越怎么样？每次少几个？ 4. 引导幼儿观察、思考、分析，师幼共同归纳出分合式两边数列的递增和递减关系。 五、游戏，巩固对 5 的分解和组合的认识 1. 我们是一对：每名幼儿拿好一张数字卡，表示扮演一个部分数宝宝，在轻快的音乐中，

续表

活动过程	去寻找自己的另一个部分数朋友，找的两个部分数合起来是 5 才是一对朋友。 2. 粘贴糖果：请幼儿根据自己的愿望将 5 颗糖果分别粘贴在两个糖果瓶上，教师再按相同分法进行分类，展示幼儿的作品。 3. 幼儿自由交流活动的感受。
活动延伸	在区域活动中，提供 1—10 的数字卡片，鼓励幼儿借用所学的分解和组合的方法，用类推的方式，尝试找出 10 以内各数的分解和组合方法。此外，还可以尝试让幼儿寻找不同数的分解和组合方式。
活动评析 （请扫码 查看）	

● 知识任务 ●

▶▶ 一、10 以内数的组成教育活动的设计与指导 >>>>>>>>

（一）10 以内数的组成教育活动的设计与组织

数的组成是指数的结构，包括分解与组合两个过程。2 以上的每一个数都可以分成几个部分数，几个部分数可以合成一个总数。对幼儿来说，只学习一个数与两个部分数的分解和组合即可。

学习数的组成可使幼儿理解整体与部分、部分与部分之间的关系，从而加深对数概念的理解，并为学习加减运算打下基础。数的组成活动通常在大班进行。

1. 让幼儿充分操作，积累分与合的经验

幼儿学习数的组成包含着对数的分解和组合的认识。学习组合最好的方法是让幼儿操作，通过自身的体验去发现数的分合规律。教师可以向幼儿提供大量有关分合的操作材料让幼儿进行各种探索活动，如"分玩具""翻瓶盖""组成连线""分水果"等，使幼儿通过这些活动理解分合的意义，从而理解数的组成的含义。

进行分合操作的实物载体可以是雪花片、糖果、纽扣、木棒等既能保证数量又容易准备的物品。在幼儿进行分合操作前，教师要向幼儿讲清楚操作的要求和规则：每次取相同的总数，分两份，点数每份的数量，做记录，记录结果应与分的结果一致。

2. 探索发现数的组成的规律

进行分合操作后，幼儿初步理解了数的组成的含义。这时，教师应及时利用幼儿的记录资料和感性体验，结合讲解，帮助幼儿探索、归纳数的组成的全部形式和两个部分数之间的互换、互补关系。

以"5 的组成"为例，采用启发探究法，引导幼儿在操作的基础上，探索出两个部分数间的互换和互补关系(图3-3-5)。

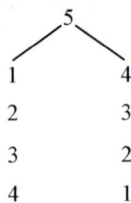

$$
\begin{array}{ccc}
 & 5 & \\
1 & & 4 \\
2 & & 3 \\
3 & & 2 \\
4 & & 1
\end{array}
$$

图3-3-5　5的组成

教师引导幼儿对以上四种组合形式进行分析、比较和思考。可以提问："找找看，两边的数字有什么秘密吗?"在幼儿探索发现的基础上进行归纳：分出来的两个数，一个数减少1，另一个数就增加1，总数不变(互补关系)。再引导幼儿比较第一组和第四组、第二组和第三组的形式，总结出5可以分成4和1或3和2，还可以分成1和4或2和3，而4和1、1和4、3和2、2和3，合起来都是5。因此，我们可以只记住2组，就能想到互换位置的另外两组，这是数的组成的互换关系。

3. 运用多种方法复习巩固

在幼儿学习了每一个数的组成之后，为了使幼儿熟练掌握数的组成形式，教师应运用多种方法引导幼儿进行复习巩固。可在上课时复习，也可在自由活动、日常生活等活动中复习。复习方法多种多样，如操作练习，教师说一个数，幼儿运用材料摆出这个数的任何一种或两种组成形式。再如游戏练习，如"找朋友"游戏、猜数游戏等。

4. 运用规律，迁移学习

10以内数的组成需要逐个认识。认识2—5的组成是组成教育的初始阶段，教师可以根据幼儿的水平，引导幼儿同时学习几个数的组成(先学习2和3的组成，再学习4和5的组成)。也可以选择数量5作为开始，学习数的组成，当幼儿积累了5的分合的操作经验后，可引导他们迁移，运用5的分合的经验自己探索完成2—4的组成的学习。对于6—10的组成的认识，可以引导幼儿利用学习2—5的组成所获得的经验和知识，以及探索发现的数的组成的互换关系和互补关系来学习。例如，学习8的组成时，教师可以启发幼儿运用对相邻两数多1和少1的认识经验，先找出8可以分成1和几，然后启发幼儿运用互换关系和互补关系共同讨论，找出8的组成的全部形式，然后再提供材料让幼儿亲自动手进行分合操作加以检验。这样可以起到培养幼儿逻辑思维和推理能力的作用。

(二)10以内数的组成教育活动的指导要点

1. 学习某个数的组成时，首先要让幼儿感知这个数

例如，学习5的组成时，先出示5个教具，然后在这5个教具中进行分

与合的练习。如果是出示数字，则应先出示数字 5，使幼儿知道是对 5 进行的分解与组合。此外，分与合的操作与学习要同步进行，使幼儿对这个数的分合方式有一个完整的概念。

2. 从实物的分合到数的分合，并用正确的语言进行表述

例如，学习 5 的组成，要求幼儿在操作过程中，用正确的语言进行表述："5 个星星可以分成 3 个星星和 2 个星星，5 可以分成 3 和 2；3 个星星和 2 个星星合起来是 5 个星星，3 和 2 合起来就是 5。"（图 3-3-6）

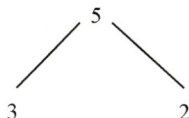

图 3-3-6　5 的组成

▶▶ 二、10 以内加减运算教育活动的设计与指导 >>>>>>>

（一）10 以内加减运算教育活动的设计与组织

10 以内的加减运算，幼儿在日常生活和游戏中会经常遇到，当幼儿具备了数概念之后，就可以组织他们学习数的加减运算了。

1. 通过实物和问题情境，帮助幼儿理解加减运算的含义

幼儿在开始学习加减运算时，教师可以用设计问题情境的方式，引导幼儿理解加减运算的含义。根据幼儿加减运算能力的一般发展规律，从具体到抽象，指导他们解决问题。

幼儿的具体形象思维决定了他们学习数学离不开对具体实物的操作，实物操作和问题情境有助于幼儿理解加减法的含义。可以列举幼儿日常生活中的事情或有意识地组织一些活动，结合幼儿对实物的操作，在这些过程中让幼儿亲自体验加减过程，并让幼儿看到加减运算的结果。

2. 提供材料，让幼儿通过各种操作活动，学习加减运算

在幼儿初步理解加减法的含义后，教师可以结合教具创编出利用加法（减法）来解决问题的情境，并让幼儿说出运算结果。

3. 引导幼儿运用数的组成的知识学习加减运算

数的组成反映了整体与部分的关系，是概念水平上的加减运算的基础。幼儿在学习加减运算的过程中，一般不会自觉地运用数的组成的经验来解答加减问题。因此，教师要给予指导，使幼儿逐步学会运用数的组成的经验进行加减运算。讨论法是利用数的组成学习加减时常用的方法。例如，让幼儿列出分合式，引导幼儿进行讨论并思考，尝试理解数的分合与加减的关系，以及它们之间的转换方法，并使幼儿在头脑中逐步建立起从组成到加减、由加减到组成的一种理解运算的模式。同时，还可以让幼儿在用分合式解决加

减运算问题的同时，用手中的教具摆一摆，感受加减过程。

4. 在日常生活和游戏活动中学习、练习、运用

在进行加减运算教学时，可结合生活实际或游戏，创设问题情境，激发幼儿的学习兴趣，为幼儿创造"意义学习"的氛围，让他们在过程中体验加减运算的含义。例如，在"购物"游戏中，解决诸如"买了两件东西，共用多少钱？""买了一件东西，还剩多少钱？"等问题。

（二）10 以内加减运算教育活动的指导要点

第一，进行 5 以内的加减教学时，可将加减分开进行教学，进行 6 以上的加减教学时，加减教学可以结合进行。

幼儿学习加减，涉及问题情境的表象基础和数的组成的抽象数群概念。教学中既要考虑幼儿的思维水平，又要考虑如何以问题情境和数的组成为手段，帮助幼儿理解加减运算的含义，从而顺利掌握 10 以内的加减运算。所以在实际教学中，可将 10 以内的加减教学分段进行。为了使幼儿对加减的含义有较清楚的理解，教师在进行 5 以内的加减教学时，可将加减分开教学。在学习加（减）法时，幼儿主要是理解加（减）法的含义，解决加（减）法的具体问题。这样安排，可将幼儿学习加减运算中的难点分散。按数群加减是以幼儿掌握了数的分合为基础的。幼儿在学习 6 以上的加减运算时，加减教学可以结合进行。

第二，遵循从具体水平加减到表象水平加减，再到抽象水平加减的教学进程。

幼儿学习加减运算有多种形式，教学要遵循幼儿加减运算能力的一般发展过程，从具体水平加减发展到抽象水平加减。有时人们会看到幼儿对加减算式能较快掌握，这可能是一种假象。幼儿学习加减不能从抽象的数字运算开始，而要从实物运算开始。教师要凭借实际问题，并通过幼儿自身的活动来进行教学，这样便于幼儿理解问题中每个数字的意义，加深幼儿对数运算的理解。以后再逐渐过渡到不借助直观材料解决问题，以此促进幼儿思维能力的发展。幼儿掌握 10 以内的加减运算，不只是理解问题的过程，还是巩固和熟练的过程。教师应注意采用幼儿喜爱的多种形式让他们进行练习，还要在生活中有意识地引导幼儿运用加减知识解决遇到的问题，学以致用。

知识拓展

数字资源 3-3-3：幼儿 10 的分解与合成的集体教学活动

数字资源 3-3-4：教学活动设计"长颈鹿的水果店"

数字资源 3-3-5：教学活动设计"10 以内的加法运算"

● 任务迁移 ●

1. 观察两个或更多的幼儿数学教学活动，描述你的观察，根据本章的内容比较你所看到的教学实践，并提出教学建议。

2. 设计一个组织大班幼儿进行加减运算的活动方案。

● 任务巩固 ●

表 3-3-8　幼儿数运算的教育要点回顾

知识与能力要点	掌握程度	学习建议
10 以内数的组成教育活动的设计、组织与指导	☆☆☆☆☆	理解　识记　运用
10 以内加减运算教育活动的设计、组织与指导	☆☆☆☆☆	理解　识记　运用

● 思考与练习 ●

1. 简述引导幼儿进行 10 以内加减运算的教学方法与步骤。

2. 选择一则有关数运算的故事或一本图画书，设计表演活动方案，并试着引导幼儿去体验。

📖 模块小结

　　数概念是数学的基本知识，也是幼儿园数学教育的主要内容。本模块用大量篇幅阐述了幼儿数概念、数的运算的基本内容及其教学策略，其中包括计数、数的守恒、数序、序数、相邻数、数的组成、10 以内数的加减运算，等等。然后分析了幼儿对数概念的认知特点，以及开展幼儿数概念教学活动的基本方法和思路。最后详细介绍了数概念教学及数运算教学活动的设计方法。

　　本模块的重点是数概念的理解。在唱数的基础上，发展幼儿按物点数的能力，做到手口一致地按物点数，并说出总数；通过改变点数物体的排列方式，培养幼儿数的守恒能力；理解数的相邻关系、数与数之间的大小关系；理解序数的概念。在数的组成基础上学习 10 以内数的加减运算，并把数的运算活动融入应用性问题之中。

🔺 教师资格直通车

一、单选

1. 桌上一边摆了 3 块积木，另一边摆了 4 块积木。教师问："一共有几块积木?"从幼儿的下列表现来看，数学能力发展水平最高的是（　　）。

扫码查看答案

　　A. 把 3 块积木和 4 块积木放在一起，然后一个一个点数

　　B. 看了一眼 3 块积木，说出"3"，暂停一下，接着数"4，5，6，7"

　　C. 左手伸出 3 根手指，右手伸出 4 根手指，然后掰着手指数出总数

　　D. 先看了看 3 块积木，然后看了看 4 块积木，暂停一下，说 7 块

2. 幼儿在学习加减运算时表现出的特点是（　　）。

A. 学习加法比学习减法容易　　　B. 学习减法比学习加法容易

C. 加减小数比加减大数难　　　　D. 加减大数比加减小数容易

3. 幼儿计数能力的发展一般经历了（　　）这几个阶段。

A. 口头数数—说出总数—按物点数—按数取物

B. 口头数数—按物点数—说出总数—按数取物

C. 口头数数—按物点数—按数取物—说出总数

D. 说出总数—按物点数—按数取物—口头数数

4. 小明现在刚好 5 岁，他大致处于数概念发展的（　　）阶段。

A. 对数量的感知动作

B. 在数词和物体的数量间建立联系

C. 数的运算初期

D. 数的运算

5. 以下不属于幼儿数概念形成的标志的是（　　）。

A. 了解各数群间的等量、互补和互换关系

B. 掌握 10 以内数的实际含义

C. 掌握 10 以内数的组成

D. 掌握 10 以内相邻数的关系

6. 根据我国心理学家的研究，3 岁左右幼儿的数概念发展处于（　　）。

A. 在数词和物体数量间建立联系阶段

B. 对数量的感知动作阶段

C. 数的运算初期阶段

D. 数的运算阶段

7. 初步认识 10 以内数的守恒属于以下哪个年龄段的教学内容？（　　）

A. 小班　　　　　B. 中班　　　　　C. 大班　　　　　D. 学前班

8. 幼儿学习按物体的数量进行分类一般从（　　）开始。

A. 2—3 岁　　　　B. 3—4 岁　　　　C. 4—5 岁　　　　D. 5—6 岁

9. 判断幼儿是否具有最初的数概念的指标是（　　）。

A. 理解数的实际意义　　　　　　B. 会数数

C. 认识数字　　　　　　　　　　D. 会写数字

10. 幼儿计数能力发展的关键是（　　）。

A. 口头数数　　B. 按物点数　　C. 说出总数　　D. 按数取物

11. 幼儿在计数时，最初需要用手指点物体逐一计数，然后逐渐发展到可以用眼看着物体默默计数，这反映了儿童在数学学习中具有（　　）。

A. 从同化到顺应的心理特点

B. 从个别到一般的心理特点

C. 从具体到抽象的心理特点

D. 从外部动作到内部动作的心理特点

12. 数的组成中两个部分数之间存在着互换关系和(   )。

A. 互补关系   B. 大小关系   C. 差数关系   D. 传递关系

二、简答

1. 如何运用多种形式引导幼儿学习加减运算？

2. 简述幼儿认识序数的发展及其特点。

三、论述

结合实例说明如何引导幼儿体会物体间的数量关系。

四、材料分析

给幼儿口述了这样一道应用题："动物园有2只大老虎，1只小老虎。动物园里一共有几只老虎？"

有的幼儿马上就说："星期天妈妈带我去了动物园，也看见了大老虎。"阅读上述材料，请回答下列问题：

(1)这种现象反映了什么问题？

(2)口述应用题在幼儿学习加减运算时有何作用？

五、活动设计

请设计一个以"认识数的守恒"为内容的大班数学教育活动。要求包括活动名称、活动目标、活动准备、活动过程、活动延伸和活动反思。

模块四
幼儿量的比较与测量的教育

学习导言

"人民教师无上光荣，每个教师都要珍惜这份光荣，爱惜这份职业，严格要求自己，不断完善自己。做老师就要执着于教书育人，有热爱教育的定力、淡泊名利的坚守。"

幼儿在日常生活中，经常接触到各种各样的物体，它们有大小、长短等不同属性，所以幼儿很早就感知到各种量。在幼儿阶段进行量的比较与测量的教育，可以发展幼儿的感知觉，使幼儿能比较正确地认识和区分周围的物体，并促进幼儿智力的发展，也为以后学习计量知识做准备。

学习目标

1. 增强教师职业认同，弘扬传统文化。
2. 掌握量的基础知识，了解幼儿量的比较、测量、时间概念发展的一般过程与特点。
3. 理解幼儿量的比较、测量、时间概念教育的基本内容和教育要求。
4. 掌握对幼儿进行量的比较、测量、时间概念教学活动的基本方法和步骤。
5. 能设计并组织实施适合幼儿发展的量的比较、测量、时间概念的教育活动。

学习任务单

表 4-1　幼儿量的比较与测量的教育学习任务单

姓名		班级		学习时间	
序号	任务描述				
1	通过阅读教材、查阅资料，了解常见量的类型并能举例说明。				
2	通过阅读教材、查阅资料，列表梳理幼儿量的比较、测量、时间概念学习的核心经验。				
3	观摩一个幼儿园量的比较、测量教育活动，记录该活动的活动过程，尝试评价该活动。				
学习建议	1. 阅读教材并查阅相关内容，查询时注意对不同年龄阶段的幼儿的学习活动进行对比。 2. 可以在表 4-2 听评课记录表中完成第 3 个任务。				

学习笔记

续表

<table>
<tr><td>任务完成
（可粘贴）</td><td colspan="2"></td></tr>
<tr><td rowspan="2">学习效果简评</td><td>评价人</td><td>□自己。
□同伴。
□教师。</td></tr>
<tr><td>评价内容</td><td>□能从不同角度查阅资料进行预习，并有自己的理解。
□能从不同角度查阅资料进行预习，但没有加工。
□能从书本中查阅相关内容。
□仅凭个人理解。
□没有预习。</td></tr>
</table>

表 4-2　听评课记录表

<table>
<tr><td>评课人</td><td></td><td>班级</td><td></td><td>学号</td><td></td></tr>
<tr><td>时间</td><td></td><td>地点</td><td></td><td>领域</td><td></td></tr>
<tr><td>授课人</td><td></td><td>活动名称</td><td colspan="3"></td></tr>
<tr><td>活动目标</td><td colspan="5"></td></tr>
<tr><td colspan="3">活动过程</td><td colspan="3">活动反思</td></tr>
<tr><td colspan="3"></td><td colspan="3"></td></tr>
<tr><td>评语</td><td colspan="5"></td></tr>
</table>

单元一 幼儿量的比较的教育

任务一 幼儿量的比较的核心经验

◉ 任务导览 ◉

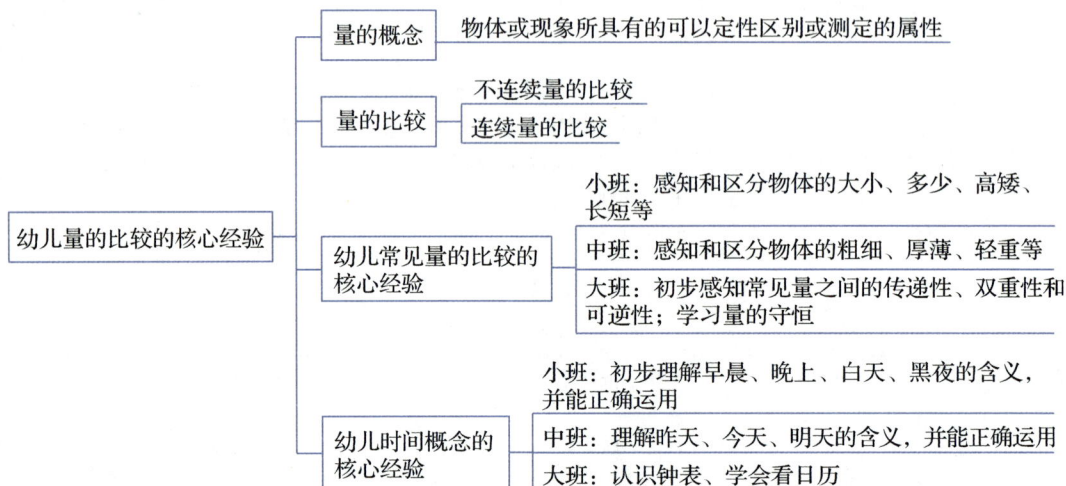

图 4-1-1 幼儿量的比较的核心经验思维导图

◉ 任务探寻 ◉

完成以下行为的记录，并尝试对幼儿的表现进行评价。

表 4-1-1 幼儿量概念发展观察记录

观察任务	年龄阶段	事件记录	年龄目标	评价
大小				
多少			3—4 岁 1. 能感知和区分物体的大小、多少、高矮、长短等量方面的特点，并能用相应的词表示。 2. 能通过一一对应的方法比较两组物体的多少。 4—5 岁 1. 能感知和区分物体的粗细、厚薄、轻重等量方面的特点，并能用相应的词语描述。 2. 能通过数数比较两组物体的多少。 5—6 岁 初步理解量的相对性。	
高矮				
长短				
粗细				
厚薄				
时间				
轻重				

◉ 知识任务 ◉

▶▶ 一、量的概念 >>>>>>>

物体或现象所具有的可以定性区别或测定的属性叫作量。长度、体积、质量、时间、温度、压力等，都是可以比较、可以测定的，都是量。

在幼儿园教幼儿初步认识的一些量都是最常见的，如长度（包括长短、粗细、厚薄、高矮、宽窄），体积，时间等。

▶▶ 二、量的比较 >>>>>>>

量可以分为不连续量和连续量两种。不连续量表示的是集合中元素数量的多少。连续量表示的是物体的属性。例如，一个幼儿园里有多少幼儿，活动室里有多少皮球等，都是不连续量。长度、面积、体积、质量、速度、温度等，都是连续量。

（一）不连续量的比较

不连续量的比较即具体量的"多少"的比较，它与抽象的数的"大小"的比较共同构成了数量比较。

比较不连续量的多少的差异，是幼儿理解数的大小关系的重要基础，有利于引导幼儿理解数的实际意义。

学习不连续量的多少有三种方法：目测、一一对应（详见模块二中相关内容）、数数（详见模块三中相关内容）。

（二）连续量的比较

连续量的比较就是比较物体的大小、多少、高矮、长短、粗细、厚薄、轻重、宽窄以及时间等。连续量的比较就涉及排序，连续量的排序是将两个以上物体按照某种量的差异排列成序。例如，把物体按从小到大或从大到小的顺序排成一列。排序是一种比较复杂的比较。

▶▶ 三、幼儿常见量的比较的核心经验 >>>>>>>

幼儿常见量的比较的核心经验如表4-1-2所示。

表 4-1-2　幼儿常见量的比较的核心经验

年龄阶段	小班	中班	大班
核心经验	1. 会用观察、比较的方法区别大小和长短不同的物体，会正确运用"大小""长短"等词汇； 2. 能从4个大小、长短不相等的物体中找出并说出哪个最大（最长）或最小（最短）。	1. 能区别并说出物体的粗细、厚薄、高矮等； 2. 能从五六个大小（长短、高矮、粗细、厚薄）不同的物体中找出等量的物体（其中两个是相同量）； 3. 初步感知量的相对性。	1. 初步感知常见量之间的传递性、双重性和可逆性； 2. 学习量的守恒，知道物体的外形、摆放位置等发生了变化，它的一些量不变。

▶▶ **四、幼儿时间概念的核心经验** >>>>>>>>

幼儿时间概念的核心经验如表 4-1-3 所示。

表 4-1-3　幼儿时间概念的核心经验

年龄阶段	小班	中班	大班
核心经验	初步理解早晨、晚上、白天、黑夜的含义，并能正确运用这些词汇。	理解昨天、今天、明天的含义，知道它们之间的关系，并能正确地运用这些时间词汇。	1. 认识钟表，学会看整点和半点；2. 学会看日历，知道一个星期有7天，以及这7天的名称和顺序。能说出今天是星期几，昨天是星期几，明天是星期几。

⊙ **知识拓展** ⊙

数字资源 4-1-1：量的守恒实验游戏

⊙ **任务迁移** ⊙

收集你生活中易得的物品，通过这些物品来帮助幼儿认识连续量与非连续量，常见量与时间的含义。

表 4-1-4　量的实例收集

物品	操作方法/感官方式	量的类型	适用年龄
（请粘贴照片）			

⊙ **任务巩固** ⊙

表 4-1-5　幼儿量的比较的核心经验要点回顾

知识与能力要点	掌握程度	学习建议
量的比较的概念和类型	☆☆	识记
幼儿常见量的比较的核心经验	☆☆☆☆	理解　识记　运用
幼儿时间概念的核心经验	☆☆☆☆	理解　识记　运用

⊙ **思考与练习** ⊙

1. 什么是量？
2. 什么是量的比较？
3. 幼儿量的比较的核心经验有哪些？
4. 幼儿时间概念的核心经验有哪些？

任务二 幼儿量的比较的发展路径

● 任务导览 ●

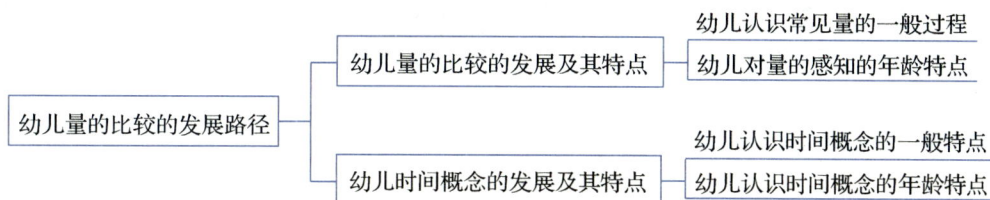

图 4-1-2 幼儿量的比较的发展路径思维导图

● 任务探寻 ●

幼儿对物体量的感知过程体现为"从明显差异到不明显差异""从模糊、不精确到逐渐精确""从绝对到相对",体现出显著的年龄特点。自由选择 3 岁前、3—4 岁、4—5 岁、5—6 岁的幼儿,对其在量的比较的活动中的表现进行观察,对照"幼儿量的比较行为的描述指标"表,对其行为进行记录并评估其发展等级。

表 4-1-6 幼儿量的比较行为的描述指标

年龄	量的比较行为发展标准	对所观察的幼儿的行为描述	评估等级
3 岁前	1. 能够对不同大小的物体做出正确的反应。 2. 能区别大小明显的物体。 3. 能逐步按成人的语言指示选择大小不同的物体。 4. 在选择物体时,有时会表现出犹豫不决。 5. 不能用正确的词语来表达物体的量。		
3—4 岁	1. 不能严格区别物体的大小、长短、粗细等,会笼统说成大的或小的。 2. 能听懂大小、长短等词语。 3. 能按词意正确地取出大的、小的、长的、短的物体。 4. 不能正确地用相应的词汇来表示。 5. 能掌握一些最初步的时间概念,如早上、晚上、白天、黑夜。		
4—5 岁	1. 能区别大小、长短、厚薄不太明显的物体。 2. 能用重叠、并放的方法比较物体的大小、长短、厚薄等。 3. 没有长度、面积、体积等守恒的观念。 4. 能逐步认识今天、昨天和明天。		
5—6 岁	1. 能够准确地、熟练地感知物体的量。 2. 能够用语言准确描述物体的大小、长短、粗细、厚薄、宽窄等特征。 3. 逐步形成量的守恒概念。 4. 具有量的相对观念。 5. 有了初步的度量观念。 6. 对时间的认识逐渐向更长、更短的时间段扩展,如星期几,几点钟。		

等级说明:1 很少做到;2 模仿做到;3 经常做到;4 熟练做到。

● 知识任务 ●

在日常生活中，幼儿经常接触到各种各样的物体，很早就感知到各种物体量的变化，常常要比较和观测物体的大小、长短、高矮、粗细、厚薄、宽窄、轻重等。在幼儿阶段进行认识量的教学，可以发展幼儿的感知觉，帮助幼儿学习和掌握有关量的基础知识和测量方法，使幼儿比较正确地认识和区分周围的物体，并促进其智力的发展。这也是幼儿学习计数、认数、形成数概念的前提。不同年龄的幼儿对量的感知特点不同。

▶▶ 一、幼儿量的比较的发展及其特点 >>>>>>>>

在这里，一般量是指物体长度（包括长短、粗细、厚薄、高矮、宽窄）、面积、体积（如大小）、温度等，幼儿对一般量的感知呈现明显的年龄特征。

（一）幼儿认识常见量的一般过程

幼儿对物体量的感知是靠视觉、触觉、运动觉获得的，也就是说，各种分析器协调活动是幼儿感知量的基础，语言则在感知物体的过程中起概括的作用。不同年龄幼儿的生理和心理特征不同，因而对物体量的感知特点不同。

1. 从明显差异到不明显差异

3—4岁的幼儿往往只能感知和区分量的明显差异，能够在差异明显的变量中辨别出最大的（最长的）或最小的（最短的）。而随着年龄的增长，才能逐渐对差异不太明显的量进行认识和区分，能够根据物体量的差异（如大小、长短、高矮、厚薄、粗细等）进行数量在10以内的正、逆排序，其认识、区别量的精准性相应提高。

2. 从绝对到相对

幼儿对量的认识最初是一种绝对化认识，他们常常把所掌握的具体物体量的特征（如大小、长短等）看成是完全绝对的，例如幼儿常争论"我的爸爸高"，因为在他们这个年龄段将"爸爸高"当成一个不变的绝对量了。幼儿只有在从两个物体的选择、比较，逐渐过渡到三个或更多物体的选择和比较的过程中才能逐步理解量的相对性。

3. 从模糊、不精确到逐渐精确

虽然幼儿在生活中已经积累了关于物体大小或长短的不同经验，且能区分它们，但有时还不能用准确的词汇来表达它的意义。幼儿语言、词汇的运用和表述具有从不精确到逐渐精确的发展特点，教师和家长有必要在幼儿的知觉活动中帮助他们使用准确的词汇，以促进幼儿形成量的概念。

（二）幼儿对量的感知的年龄特点

1. 3岁前幼儿对量的感知特点

3岁以前的幼儿大部分已经能够对不同大小的物体做出正确的反应，能区别大小明显的物体，并能逐步按成人的语言指示选择相应大小不同的物体。但是，在选择物体时，有时还会表现出犹豫不决，并且还不能用正确的词语来表达。

2. 3—4 岁幼儿对量的感知特点

3—4 岁幼儿对物体大小、长短、粗细、厚薄等属性的认识是模糊不清的，表现在不能严格区别物体的大小、长短、粗细等。例如，他们往往不加区别地把长的、粗的、厚的、高的、宽的物体说成是大的，把短的、细的、薄的、矮的、窄的物体说成是小的。这时幼儿一般能听懂大小、长短等词语，能按词意正确地取出大的、小的、长的、短的物体，但是自己还不能正确地用相应的词汇来表示。

3. 4—5 岁幼儿对量的感知特点

4—5 岁幼儿开始能区别大小、长短、厚薄不太明显的物体，能用重叠、并放的方法比较物体的大小、长短、厚薄等。例如，幼儿把两张纸重叠在一起比大小，把两支笔并放在一起比长短，把两本书重叠或并放在一起比厚薄。此时，幼儿对量的感知虽然有了提高，但是他们还没有长度、面积、体积等守恒的观念，对物体大小、长度等的比较，常会受位置和形状变化的影响。

4. 5—6 岁幼儿对量的感知特点

5—6 岁幼儿已经积累了量的经验，掌握了感知量的方法，同时具有一定感知量的能力。此阶段的幼儿不仅能够准确地、熟练地感知物体的量，而且能够用语言准确描述物体的大小、长短、粗细、厚薄、宽窄等特征，同时能不受物体的位置和形状改变的影响，正确地判断物体的大小、长短、厚薄、宽窄，逐步形成量的守恒概念。

在正确教育下，这个时期的幼儿已经具有量的相对观念，他们能认识到物体的大小、长短等特征是相对的，而不是绝对的。同时还有了初步的度量观念，知道物体的长度等是可以测量的，并掌握了简单的自然测量方法，能够根据物体之间的关系进行排序。

▶▶ 二、幼儿时间概念的发展及其特点 >>>>>>>

幼儿对时间的认识兴趣很早就产生了，随着语言的发展，他们会开始使用一些时间的词语，但低年龄幼儿不太理解这些词汇（如明天、昨天等）的真正含义。幼儿认识时间是非常困难的。

（一）幼儿认识时间概念的一般特点

1. 易受生活实际经验的影响

由于幼儿思维的具体性特点，他们在理解抽象的时间概念时，往往需要与具体的活动相联系。例如，对"晚上"的理解，就会与"看电视、洗脸、刷牙、睡觉"等生活事件相联系，而不是以抽象的、标准时间的单位为支持来确切感知时间。幼儿年龄越小，对时间的理解越狭窄，往往表现得不够精确、带有模糊性。

2. 易受知觉影响，把时间和空间等同起来理解

幼儿理解时间概念易受知觉的影响，是指在对时间的认知上易受物体运

学习笔记

动速度的影响而产生错误的判断。对于这一特点，皮亚杰曾经做过实验，把两个布娃娃放在起跑线上，发出一个信号后，两个娃娃开始赛跑，结果一个跑得快些，一个跑得慢些。问幼儿两个娃娃是否在同一时间起跑，同一时间停下，幼儿的回答就明显表现出将空间和时间混淆的特点，会认为一个娃娃要比另一个娃娃晚停下，因为他跑得更远。

3．更易理解短的周期时间顺序

在对时间顺序和周期的理解上，幼儿往往较易理解的是短的周期，如一天（早上、中午、晚上），再逐渐发展到理解更长的时间周期，如一星期、一个月、一年。这是因为在"早、中、晚"概念的理解上，幼儿容易找到明显的时间参照物和具体事件，而星期、月、年没有较明显的时间参照物，也形成不了自然现象规律性变化的周期，幼儿也缺乏对这些时间概念变化顺序的认知，由此就会给幼儿带来对长周期时间顺序理解的困难。

4．表达时间的词语发展存在一定困难

我国曾经有调查研究发现，幼儿在掌握时间概念上的困难之一表现在：幼儿言语中表示时间的词汇出现得既晚又少。幼儿使用时间的词汇，首先使用的不是表示确定时间的词汇，大多数使用的是表示时间顺序的和表示不确定时间阶段的词汇。

例如，使用"先""然后""后来"（时间顺序），"有一天""有时候""老早""我小时候"（不确定时间阶段）等；使用时间单位词汇时，也不能确切地理解它们的含义。在时间词汇的使用方面，幼儿往往表现出含糊、不精确的特点，即使使用了单位时间的词汇，也未必真正理解它们的含义。

（二）幼儿认识时间概念的年龄特点

幼儿时间概念的发展特点是：越是与他们的生活有联系的时间单位，如早晨、中午、晚上等，幼儿越容易掌握，而那些与幼儿生活联系不紧密的时间单位，如分钟、小时等，则较难掌握。幼儿对时间理解是从和生活紧密联系的"一天"开始，然后逐渐向更长和更短的时间延伸的。

表 4-1-7　幼儿认识时间概念的行为表现

年龄	行为表现
3—4 岁	1．能掌握一些最初步的时间概念，如早上、晚上、白天、黑夜。
	2．对时间的理解往往和生活中的事件相联系。
	3．对具体的相对意义的时间观念，如昨天、今天、明天还不能掌握。
4—5 岁	1．能够比较准确地确定不太长的时间间隔。
	2．能知道经过早晨、白天、晚上、夜里就是经过一天。
	3．能逐步认识今天、昨天和明天。

续表

年龄	行为表现
5—6 岁	1. 对时间的认识逐渐向更长、更短的时间段扩展。
	2. 能认识前天、后天，具有"星期"及"几点钟"的概念。
	3. 建立起时间更替观念。
	4. 能区分较小的时间单位（如认识时钟上的整点和半点等）。

● 知识拓展 ●

数字资源 4-1-2：速度认知的实验

● 任务迁移 ●

选择 3—6 岁的幼儿一名，对其在大小、长短、高矮、粗细、厚薄、轻重等量的比较方面的表现进行观察记录，增进对幼儿量的比较学习特点和规律的认识。

表 4-1-8 _____ 班幼儿观察记录表

幼儿姓名		观察人	
观察时间		观察地点	
观察目的			
观察方法			
观察实录			
分析说明			
发展支持			

● 任务巩固 ●

表 4-1-9　幼儿量的比较的发展路径要点回顾

知识与能力要点	掌握程度	学习建议
幼儿常见量的比较的发展及其特点	☆☆☆	理解　识记　运用
幼儿时间概念的发展及其特点	☆☆☆	理解　识记　运用

● 思考与练习 ●

1. 幼儿认识量的一般过程是什么？
2. 幼儿认识时间概念的年龄特点是什么？

任务三　幼儿量的比较的教育

● 任务导览 ●

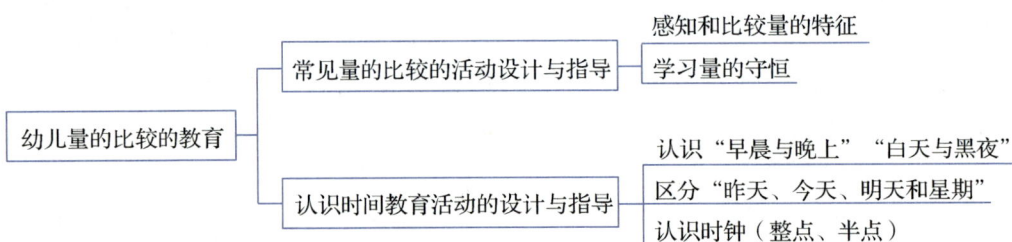

图 4-1-3　幼儿量的比较的教育思维导图

● 任务探寻 ●

阅读以下两个活动设计，请判断其属于哪一类数学教育活动，尝试分析此类活动设计具有怎样的特点。

表 4-1-10　"比一比"教学活动设计

活动名称	比一比。
活动对象	中班幼儿。
活动目标	1. 通过对两个不同物体的比较来感知物体的不同属性。 2. 能尝试寻找 1—4 样物体，并按照其量的不同进行排序。
活动准备	正方形的海绵、正方形的木头积木，数量与幼儿人数相同；大小不同的正方形物体若干，如纸盒、塑料积木、泡沫积木等。
活动过程	一、初步感知不同 教师出示正方形的积木和海绵，提问： (1)这是什么？（积木）那又是什么呢？（海绵）它们有什么地方是一样的吗？ (2)请你们认真看一看，他们有什么不一样的吗？ 小结：积木和海绵都是正方形的，但是它们的大小和颜色是不一样的。

续表

活动过程	二、进一步比较，寻找更多的不同点 1. 教师：除了大小和颜色，积木和海绵还有不一样的地方吗？我为你们每人准备了一份积木和海绵，你可以用其他办法去找一找，它们还有哪些地方不一样。 2. 幼儿操作，教师巡回观察指导，结束后幼儿交流分享。提问： (1)你还发现了积木和海绵有什么地方不一样？ (2)你是用什么方法对比出来的？ 小结：通过摸一摸、捏一捏，我们发现海绵软、积木硬；通过掂一掂，我们知道海绵轻、积木重；如果把它们压一压，我们还发现海绵有弹性，木头没有弹性。 三、选择材料进行排序 1. 教师出示一块塑料积木，提问： (1)我现在又加了一块塑料的积木，你知道这三件东西中哪个最大，哪个最小吗？ (2)谁会把它们按照大小来排排队？ (3)你是怎么给它们排队的？是从大到小还是从小到大？ (4)除了按照大小来排队，它们还可以怎么排队呢？ 教师：老师在后面给大家准备了一些材料，你们自己去选择3—4件东西，然后给他们排队。等会儿请你来说说你是按照什么给它们排队的。 2. 幼儿操作，结束后交流分享。 小结：看来我们可以用不同的方法给这些东西来排队。可以把它们按照大小排队，也可以按照软硬排队，还可以按照轻重来排队。

表 4-1-11　"宽和窄"教学活动设计

活动名称	宽和窄。
活动对象	中班幼儿。
活动目标	1. 初步了解宽和窄的概念，并能通过比较辨别宽和窄。 2. 通过亲身体验感受宽与窄，体验宽与窄的不同。
活动准备	长短、宽窄不同的橙色、蓝色纸条各一张；宽窄不同的纸条若干张(保证所有人手上都有一张橙色纸条和蓝色纸条)；装两色纸条的盒子两个(不同颜色纸条分开放)；长凳拼成的宽桥和窄桥。
活动过程	一、认识宽和窄 1. 教师分别出示两张长短、宽窄不同的红色和蓝色手工纸。 提问：这两张手工纸哪里不一样？引导幼儿从手工纸的颜色、大小、长短、宽窄等方面进行回答。 小结：我们通常把一张纸从上到下之间的这段叫作长度，而从左到右的这段叫作宽度。 2. 教师引导幼儿观察两张手工纸的宽窄。 提问：这两张手工纸哪张比较宽？哪张比较窄？你是用什么方法进行比较的？ 小结：比较两张纸的宽窄可以把两张纸重叠起来进行比较。 二、游戏：比宽窄 1. 请每名幼儿从两个纸盒中分别摸出橙色和蓝色两张宽窄不同的手工纸，教师引导幼儿在游戏中比较手中纸片的宽与窄。 (1)请幼儿举起手中比较窄的手工纸，师幼共同验证对错。 (2)请幼儿与同伴交换一张纸片，然后举起比较宽的那张纸片。 (3)将自己手上的宽(窄)纸片与同伴手上的纸片进行比较。 2. 教师引导幼儿观察：你手上的宽(窄)纸条与别人手上的纸条比还是宽(窄)的吗？发生了什么变化？

续表

活动过程	小结：宽与窄具有相对性，要根据与它比较的对象才能进行判断。 三、游戏：走小桥 1. 请幼儿观察两座桥，引导幼儿发现两座桥一座宽一座窄。 2. 教师请幼儿分别走两座宽窄不同的桥。 3. 讨论：走这两座桥的时候你的感受一样吗？分别是什么感觉？

知识任务

▶▶ 一、常见量的比较的活动设计与指导 >>>>>>>>

幼儿常见量的比较教育内容非常丰富。在进行活动的设计与指导时，应考虑幼儿的年龄特点和他们参与学习活动的主体性，让幼儿在与客体相互作用的过程中获得有关量的经验。在创设情境时，应让幼儿有充分的时间去感知、发现和操作。在教学过程中，教师应引导幼儿主动地感知、积累有关的经验，鼓励幼儿彼此启发，互相交流。下面从量的比较、体验量的守恒两方面讨论常见量的比较的活动设计与组织。

（一）感知和比较量的特征

1. 量的比较教育活动的设计与组织

量的比较主要是引导幼儿关注生活中的大小、长短、高矮、粗细、厚薄、远近、轻重等各种不同的量，通过比较使幼儿知道量的差异是针对比较而言的，并掌握一些基本的比较方法来正确区分量。

引导幼儿进行量的比较一般可以调动幼儿的各种感官来感知、比较，或运用叠放法、并放法比较，或采用发现法、描述法、游戏法等方法认识物体的量，帮助幼儿积累有关量的经验。

（1）调动各种感官比较物体的量

幼儿对物体量的认识主要是通过感官的感知，如通过视觉、触摸觉、运动觉等感觉通道体验到物体的大小、长度等方面的特征。因此，教学中要让幼儿在看看、摸摸等活动中进行比较，认识物体的量。

表 4-1-12　幼儿通过感官进行量的比较的类型

目测比较	认识物体的大小、长短、厚薄、粗细、高矮等特征时，可以让幼儿通过视觉观察比较。
触摸觉比较	触摸觉是幼儿认识世界，进行量的区分与判断的一个重要途径。一般在判断物体的粗细、厚薄时，可引导幼儿摸一摸不同粗细的积木、纸筒等，或让幼儿用拇指、食指等触摸自己的单衣、毛衣和羽绒衣等，感知其不同的厚薄，同时用正确的词语表述。
运动觉感知比较	物体的轻重是要由肌肉的运动觉来感受的，可让幼儿用手掂一掂，或提一提两个不同轻重的物体来获得质量的直接经验。

（2）运用重叠法、并放法比较物体的量

运用重叠法比较物体的大小时，一般先把物体放在下面，再把需比较的物体放在这个物体的上面，以区分它们的大小。并放法一般用来比较物体的长短、高矮、厚薄等，即把一个物体放在需比较的另一个物体的旁边以区分它们之间量的差异。

运用重叠法比较时要注意小的放在大的上面进行比较。运用并放法比长短时，要一头对齐横放比较；比高矮时，要在同一平面上竖放比较；比厚薄时，要放在同一平面上平放比较。

（3）运用发现法、寻找法、游戏法认识物体的量

用发现法认识量指教师通过创设一定的情境引导幼儿观察或操作，从而获得对量的感知的方法。发现法不是直接将概念向幼儿讲解，而是引导幼儿通过自己的体验，再运用已有的经验与知识去发现并获得相关概念。这种方法充分调动幼儿的学习积极性和主动性，培养幼儿的数学探究的意识，有利于幼儿从小养成独立解决问题的意识及自主学习的能力。

运用寻找法描述物体的量，是让幼儿从周围生活环境中寻找相应的量，从而加深对量的判断。这种方法一般是在幼儿对有关的量有基本了解，需巩固对这种量的判断时运用。

运用游戏法巩固对量的认识，是要创设一个游戏情境，让幼儿在自由自在、无拘无束的游戏中感知量。例如，"反动作游戏"，教师边说边做一个"大"的动作，幼儿要边说边做一个"小"的动作，看谁反应又快、又对、又准。此游戏在加深幼儿对相应量词实际意义理解的同时，训练了幼儿思维的敏捷性。此游戏还可在幼儿与幼儿之间玩。

2. 量的比较活动的指导要点

（1）量的比较是通过两个（或以上）不同量的物体的比较来认识的，因此，比较时一定要准备两个（或以上）物体，先让幼儿确定哪两个物体比。同时再引导幼儿通过三个（或以上）不同量的物体的连续比较来认识量的相对性。例如，皮球与乒乓球比，皮球大、乒乓球小；皮球与篮球比，篮球大、皮球小；乒乓球与玻璃球比，玻璃球小、乒乓球大。通过对三个及以上物体一种量的连续比较，使幼儿感知到量不是绝对的，要看它与谁比较。

（2）在引导幼儿进行量的比较时，教具的选用很重要。例如，比较长短，应选用粗细相同，只是长短不同的物体；比较粗细，应选用高矮相同，只是粗细不同的物体；比较厚薄，应选用长和宽相同，只是厚薄不同的物体，同时还要注意教具的摆放。

（二）学习量的守恒

1. 量的守恒教育活动的设计与组织

量的守恒是指幼儿认识到一个实物的知觉特征无论如何变化，它的量始终保持不变。量的守恒教育应在认识了相应的量的基础上进行。幼儿受年龄和思维形象性所限，往往在量的比较中容易受外在形式、视觉判断等方面的干扰，不能正确意识到物体的量。

（1）运用变式和添加干扰因素帮助幼儿感知体验量的守恒

运用各种量的多种变式或添加干扰因素，使幼儿做到不受外部因素变化的影响，正确认识量的不变性，这是幼儿学习量的守恒的主要方法。

表4-1-13　量的守恒的操作建议

量的守恒	操作建议
长度守恒	可用绳子、木棍、纸板、毛线绳、火柴棍等，摆出长度的各种变式，让幼儿判断它们是否一样长。
面积守恒	可用各种几何图形做拼接或剪切游戏，感知面积守恒。
容积守恒	可用各种杯子、瓶子或其他容器装上水或沙子，比较里面水或沙子的多少，学习容积守恒。
体积守恒	可用同一个橡皮泥或同一些积木等摆出各种不同的造型，学习体积守恒。

（2）用同等量的两份物体作守恒判断

守恒的目的是让幼儿理解在物体外部形式发生变化后，总量不变。因此，运用两份同等量的物体，以便其中一份量的形式改变了以后，幼儿还可以直观地、有比较地看到这种变式的量和原来的一样，量没变，只是外形变了。反之，如果只用一份物体，当这份物体改变了外部形态后，幼儿看到的只有这个变形了的量，原来的量已不复存在了，幼儿只能靠记忆中表象进行对照，这样不利于做出量的守恒的判断。

运用同等量的两份物体的目的是为了进行量的不变性的比较。一般的方法是：首先，比较两份等量的物体，让幼儿确认这两样物体的量（长度、大小、面积等）是一样的；其次，改变其中一份的形式并向幼儿提出问题，让幼儿判断两样物体是否还一样；最后，在幼儿不能正确判断时，引导幼儿将变化后的物体与原始物体做比较，以证实它们的量是一样的。

（3）用数表示量的守恒

有的物体量的变换是以某种单位为基础发生变化的，而且各种量均可用计量单位予以测定，所以量的守恒也可以依靠单位的数量是否相等来做出判断。

2. 量的守恒教育活动的指导要点

在量的守恒教学中，许多量的变式都涉及整体量和部分量的问题。一大杯水倒在 2 个或 4 个小杯子中，所有小杯子中水的总和与大杯子中的水是等量的。这反映了整体可以分成部分、部分合起来等于整体，整体大于部分、部分小于整体的关系。因此，在量的守恒的教学中，教师应有意识地渗透这一思想，当幼儿做守恒判断时，让幼儿讨论并指出这一关系。这样，幼儿学习了量的守恒，理解了整体与部分的关系，同时还了解了集合与子集的关系，为幼儿理解数的组成和加减法中三个数群之间的关系积累了感性经验。

▶▶ **二、认识时间教育活动的设计与指导** >>>>>>>>

教幼儿认识时间，主要通过日常生活、游戏。不论对哪个年龄阶段的幼儿，不论采用什么活动形式，让幼儿理解表示时间阶段的词汇时，均应将它们与幼儿日常生活中的活动、具体事件以及他们的生活经验联系起来，使幼儿对时间的认识建立在生动的直观形象的基础上。幼儿对时间的感知主要涉及认识"早晨与晚上""白天与黑夜"，区分"昨天、今天、明天和星期"，认识时钟（整点、半点）三个方面的内容。

（一）认识"早晨与晚上""白天与黑夜"

1. 认识"早晨与晚上""白天与黑夜"教育活动的设计与组织

认识"早晨与晚上""白天与黑夜"一般在小班进行。这些属于一天中比较模糊的时间概念，需与当时的情境紧密联系，无须组织专门的教学活动。教学中常借助日常生活的一些自然场景与契机进行渗透与引导。

（1）通过日常交流帮助幼儿认识时间

在幼儿园的一日生活中，教师有许多机会可以与幼儿进行认识时间的交流。例如，在早晨、午饭前、散步或等待进行某种活动的间隙，均可与全部、部分或个别幼儿进行谈话。例如，在小班通过谈话引导幼儿认识一天的组成部分（早晨、白天、晚上、黑夜），教师应将一天的各个部分与幼儿的具体活动结合起来，通过提问使幼儿对一天的组成部分的理解与具体生动的形象联系起来。如"小朋友什么时候起床？""小朋友什么时候去幼儿园？""大家什么时候睡觉？"等。

（2）结合图书

结合图书上一幅幅表示不同时间的生活画面，引导幼儿辨别画上所说的事是什么时间发生的。也可以让幼儿收集表示一天各时间段内容的画进行观察，确定时刻，并按时间排序，制成"我们的一天"画册，再看画册讲述故事。

2. 认识"早晨与晚上""白天与黑夜"活动的指导要点

幼儿认识一天的组成部分，可有重点地分步进行。例如，先认识"早晨和晚上"，再认识"白天和黑夜"。在此基础上，教师应引导幼儿将早晨与白天、晚上与黑夜联系起来，帮助幼儿认识一天的四个组成部分是连续的、不可分割的，从而正确地理解"一天"的时间概念。

（二）区分"昨天、今天、明天和星期"

1. 区分"昨天、今天、明天和星期"活动的设计与组织

区分"昨天、今天、明天和星期"属于中班的学习内容。对于中班的幼儿来说，这一教学内容是比较抽象、难以理解的，因为它不像早晨、晚上那样可以有对应性的具体事件帮助他们去感知。"昨天、今天、明天和星期"不仅时间间隔长一些，而且难以与生活事件建立联系。因此，应紧密结合幼儿的生活及当时的情境进行渗透式引导，以帮助幼儿将无形的时间与具体的事件联系起来理解。

（1）通过谈话帮助幼儿认识时间

在中班教幼儿认识昨天、今天和明天，应结合幼儿生活经验，特别是他们感兴趣的、对他们有吸引力、他们印象较深的事情（已经做的、正在做的、打算做的），提出问题，进行交谈。例如，"今天我们玩什么游戏？""昨天我们表演的是什么节目？"等。最后，结合昼夜交替的知识，进一步让幼儿理解昨天、今天和明天的时间概念，让幼儿知道，昨天就是指今天之前的那一天，明天就是指今天之后的那一天。昨天、今天和明天都是由早晨、白天、晚上和黑夜四个部分组成的。

（2）通过日常活动强化对时间的认识

例如，可结合值日和做气象记录的活动，提醒幼儿哪天谁做值日或做记录，今天星期几。并让幼儿相互了解每个人是在哪一天做值日（昨天、今天、明天或星期几），以此强化幼儿对昨天、今天、明天和星期几的认识，理解天与天的交替和流动。另外，节日活动和小朋友的生日活动也是进行时间教育的好机会。幼儿为迎接这些时日的到来，兴致勃勃地做着各种准备工作，计算着距离即将到来的节日的天数，用明天、今天和昨天等时间词汇表示即将到来的、现在的和过去的节日等。

2. 区分"昨天、今天、明天和星期"教育活动的指导要点

第一，尽量联系幼儿的生活事件。"昨天、今天、明天和星期"的时间概念本身比较抽象，应当从围绕幼儿生活中的事件出发，以幼儿自身为中心去了解"昨天、今天和明天"的事件，在帮助幼儿整理生活事件顺序的过程中，使其获得对"昨天、今天、明天和星期"时间顺序的认识。

第二，讲清时间的相对性问题。通过对生活事件的回忆和整理，逐步帮助幼儿了解"昨天的事是已经过去的，今天的事是正在做的，明天的事是还没有做的""今天会变成昨天，昨天不会变成今天"。

（三）认识时钟（整点、半点）

1. 认识时钟（整点、半点）活动的设计与组织

认识时钟是大班时间概念教学中的一个重点和难点，教学可以通过以下

几步进行。

(1)出示时钟,讲解用途

教师可通过让幼儿猜谜语的方式或设置闹铃的方式出示时钟,也可以直接出示电子钟、闹钟等各种不同形态的时钟给幼儿看,让幼儿知道它们都是时钟,然后引导幼儿了解时钟的作用。通过幼儿讨论、教师讲解,让幼儿知道时钟能告诉爸爸妈妈什么时候上班,小朋友什么时候到幼儿园等。

(2)引导幼儿观察,认识钟面的结构

引导幼儿观察钟面上有什么,让幼儿知道钟面上有1—12的数字,这些数字是按1,2,3,4,…,12的顺序排列的。还要让幼儿知道钟面上有两个指针,长的叫分针,短的叫时针。

(3)演示讲解时针、分针转动的方向及规律

教师把时针、分针都拨到12上,以演示时针、分针都是顺着1,2,3,4,…,12的方向走动的。提醒幼儿看清楚分针走得快,时针走得慢,分针走一圈,时针才走一个数字,使幼儿知道分针走一圈、时针走一个数字,表示过了一个小时。

(4)多次演示讲解整点(或半点)

演示整点时要强调分针从12开始,沿着1,2,3,4,…的方向走,最后回到12上,时针走到数字几上,就表示几点整。多次讲解3点整、6点整、9点整、12点整等。由于12点整时时针循环了一圈,时针与分针重叠在一起了,所以12点整要着重解释。

讲解半点时,强调分针从12开始,沿着1,2,3,4,…的方向走,走到6时,时针处在两个数字中间,时针前面那个数字是几,就表示的是几点半。多次演示1点半、4点半、6点半、11点半等。6点半与12点半要重点讲解。

(5)总结整点、半点规律

教师在多次演示讲解整点的基础上,可告诉幼儿"分针在12上,时针在几,就是几点整",从而让幼儿掌握规律,认识整点。教师在多次演示讲解半点的基础上,可告诉幼儿"分针在数字6上时,时针在两个数字的中间,就是过去的前面那个数字的几点半",让幼儿掌握规律,认识半点。

(6)幼儿练习,巩固对整点(或半点)的认识

教师可分给幼儿每人一只小时钟模型,教师报时间,幼儿拨,通过操作活动巩固对整点、半点的认识。教师可以组织幼儿玩"送钟宝宝回家"的游戏,把钟面表示5点整的宝宝送到挂有"5:00"牌号的家里……使幼儿巩固对时钟整点和半点的认识。

2. 认识时钟(整点、半点)教育活动的指导要点

教师在演示操作中,应注意按顺时针方向拨动指针。报时间也要按照时

间的一般规律有序报时。上面介绍的教学步骤是针对新授活动而言的，当幼儿对时钟已有了解后，就不必局限于每次都通过讲解演示组织教学了，也可以先尝试让幼儿操作，教师再加以归纳、纠正，通过进一步的演示讲解，帮助幼儿掌握正确的概念。

⊙ 知识拓展 ⊙

数字资源 4-1-3：教学活动设计"比高矮"　　　　数字资源 4-1-4：教学活动设计"饮料店"

⊙ 任务迁移 ⊙

设计一个组织大班幼儿进行量的比较的活动方案。

⊙ 任务巩固 ⊙

表 4-1-14　幼儿量的比较的教育要点回顾

知识与能力要点	掌握程度	学习建议
量的比较教育活动的设计、组织与指导	☆☆☆☆☆	理解　识记　运用
量的守恒教育活动的设计、组织与指导	☆☆☆☆☆	理解　识记　运用
认识"早晨与晚上""白天与黑夜"活动的设计、组织与指导	☆☆☆☆☆	理解　识记　运用
区分"昨天、今天、明天及星期"活动的设计、组织与指导	☆☆☆☆☆	理解　识记　运用
认识时钟(整点、半点)活动的设计、组织与指导	☆☆☆☆☆	理解　识记　运用

⊙ 思考与练习 ⊙

1. 简述引导幼儿认识量的守恒的教学方法与步骤。
2. 举例说明引导幼儿认识时间的教学方法。

单元二　幼儿测量的教育

任务一　幼儿测量的核心经验

⊙ 任务导览 ⊙

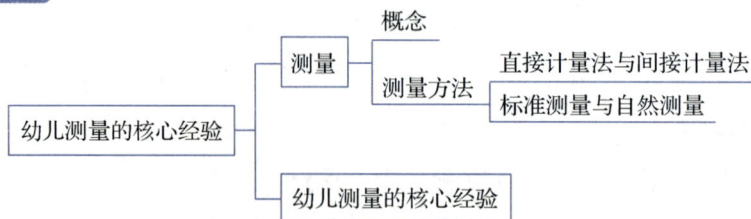

图 4-2-1　幼儿测量的核心经验思维导图

● **任务探寻** ●

请在见习中观察幼儿的测量行为，进行观察记录并进行等级评价。

表 4-2-1 _____班幼儿观察记录表

幼儿姓名		观察人	
观察时间		观察地点	
观察实录			
等级评价			

等级说明：1 表示幼儿此时的量的比较行为只是一种游戏行为或是模仿行为，没有目的性，不是为了比较物体量的差异；2 表示幼儿能够运用感官进行量的比较，例如摸一摸、抱一抱、掂一掂；3 表示能用单位，例如桌子有 5 根小木棒那么长；4 表示能够尝试用几米、几斤等标准单位。

● **知识任务** ●

▶▶ **一、测量** >>>>>>>

测量，即量的计量，就是把要测定的量同一个作为标准的同类量进行比较。用来作为计量标准的量叫作计量单位。例如，计量长度用米，计量质量用千克，米和千克都是计量单位。由于不同的需要，计量某一种量往往有几个大小不同的计量单位。把其中的一个作为主单位，其他的单位是主单位的若干倍或若干分之一。同类的两个计量单位之间，较大的计量单位是较小的计量单位的若干倍，这个倍数值叫作两个单位的进率。例如，计量长度的主单位是米，比米大的单位是千米，比米小的单位是分米、厘米、毫米等，米、分米、厘米、毫米每相邻两个单位间的进率是 10。

用一个计量单位来计量某一个量，结果得到这个量是计量单位的若干倍，这个数值就叫作这个量的量数。同一个量，用不同的计量单位来计量，所得的量数不同。例如，一条绳子，如果用米来计量，所得的量数是 5，如果用厘米来计量，所得的量数是 500。

常用的计量方法，有直接计量法和间接计量法两种。把要计量的量直接同计量单位进行比较而得出量数的方法，叫作直接计量。例如，用米尺量布的长，用案秤称苹果的重。通过直接计量其他有关的量，并借助公式进行计算才能得到要计量的量的结果的方法，叫作间接计量。例如，求长方形的面积，要先量出它的长和宽，把得到的两个量数相乘，才能求出来。

若要教幼儿初步学习直接计量，由于幼儿年龄小，不能教他们用通用的计算单位来计量，一般是利用自然物作为量具。例如，用小棒、纸条、手指、瓶子等物作为计量工具进行直接测量。这种计量方法通常叫作自然测量。

▶▶ 二、幼儿测量的核心经验 >>>>>>>

幼儿测量主要是进行长度测量。中班时，要求幼儿用首尾相接摆放自然物的方式进行长度的自然测量；大班时，要求幼儿能重复使用一个自然物进行长度的自然测量；测量统一长度时，理解自然物长短与所需单位数量之间的关系；能认读钟表上的整点；能正确表达测量的结果，初步形成测量观念。

◉ 知识拓展 ◉

数字资源 4-2-1：中国古代计时工具

◉ 任务迁移 ◉

在你的家乡，一定有许多具有地方特色的测量物品，请你收集照片，并分析其中蕴含的量的类型，将结果记录在表 4-2-2 中，并挑选其中的一项或两项，尝试制作成幼儿可以操作的玩教具，将结果记录在表 4-2-3 中。

表 4-2-2　地方特色的测量物品

测量用品	名称	量的类型
（请粘贴照片）		

表 4-2-3　测量物品制作成玩教具

教具	使用方法	适用年龄阶段
（请粘贴照片）		

•任务巩固•

表 4-2-4　幼儿测量的核心经验要点回顾

知识与能力要点	掌握程度	学习建议
测量的概念、单位、方法	☆☆	理解　识记　运用

•思考与练习•

常用的计量方法有哪些？

任务二　幼儿测量的发展路径

•任务导览•

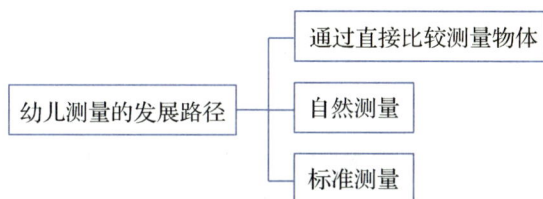

图 4-2-2　幼儿测量的发展路径思维导图

•任务探寻•

幼儿对物体的测量方法有目测、自然测量、标准测量等。每个年龄阶段表现出不同的发展特点，请自由选择 3—4 岁、4—5 岁、5—6 岁的幼儿，对其在物体的测量活动中的表现进行观察，对照"幼儿测量行为的描述指标"表，对其行为进行记录并评估其发展等级。

表 4-2-5　幼儿测量行为的描述指标

年龄	测量行为发展标准	行为描述	评估等级
3—4 岁	通过直接比较、目测感知物体的大小、长短。		
4—5 岁	采用简单的对齐法比较物体的长度。		
5—6 岁	1. 了解多种测量工具及其用途。 2. 能正确使用测量工具进行长度测量，并了解体温的测量方法。 3. 采用多种工具进行自然测量和标准测量。 4. 认识时钟(包括整点和半点)。		

评估等级说明：1 很少做到；2 模仿做到；3 经常做到；4 熟练做到。

•知识任务•

▶▶ **一、通过直接比较测量物体** >>>>>>>

幼儿开始将不同的物品放在一起进行观察比较，会说"这个玩具比那个大""这根绳子比那根长"。随着测量能力的进一步发展，幼儿会发现大小、长短也不是永恒不变的，而是相对的。幼儿在某一次比较中较长的绳子，在另一次比较中可能会变成较短的绳子。从测量的内容来看，幼儿能较好地进行大小、长短、高矮的测量，而对轻重、厚薄的测量相对困难。从测量的方式来看，幼儿用眼睛"目测"是最常用的方式，这种方式既简单又直接，符合幼儿现阶段发展的特点。而在质量和温度测量中，必须要借助手的直接感知，掂一掂（提一提，放下）才能比较出物体的质量区别，直接触摸是比较温度的方式。

▶▶ 二、自然测量（非标准测量）>>>>>>>>

幼儿喜欢用自己的身体，如脚步、手掌、身高等进行测量。喜欢用身边的生活材料、自然物及玩具进行测量，并且能够用测量的结果进行比较。这种方式是幼儿阶段的另一种主要的测量方式。幼儿在进行非标准测量时涉及复杂的心理操作，幼儿实际在运用时已经形成了测量的参照物。这时已经不是简单的两个物体的直接比较，是在心理上将其分为若干个单位，在对这些单位进行逻辑相加，是不同的物体与同一个参照物进行比较和换算。

▶▶ 三、标准测量 >>>>>>>>

幼儿阶段会接触到标准的测量工具，但是部分大班幼儿即使掌握了正确的测量方法，也不能很好地理解测量结果的含义。

● 知识拓展 ●

数字资源 4-2-2：蒙氏教具与幼儿量概念的学习

● 任务迁移 ●

选择 3—6 岁的幼儿一名，对其测量大小、长短、高矮、粗细、厚薄、轻重等方面的表现进行观察记录，增进对幼儿测量学习特点和规律的认识。

表 4-2-6 _____ 班幼儿观察记录表

幼儿姓名		观察人	
观察时间		观察地点	
观察目的			

续表

观察方法	
观察实录	
分析说明	
发展支持	

● 任务巩固 ●

表 4-2-7　幼儿测量的发展路径要点回顾

知识与能力要点	掌握程度	学习建议
幼儿测量的发展路径	☆☆☆	理解　识记　运用

● 思考与练习 ●

什么是自然测量？

任务三　幼儿测量的教育

● 任务导览 ●

幼儿测量的教育
- 幼儿自然测量教育活动的设计与指导
  - 幼儿自然测量教育活动的设计与组织
  - 幼儿自然测量教育活动的指导要点
- 幼儿时间测量的教育活动的设计与指导

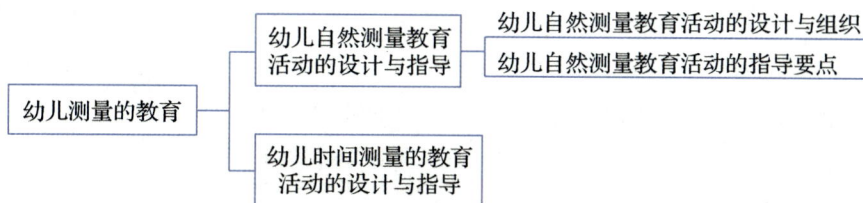

图 4-2-3　幼儿测量的教育思维导图

● 任务探寻 ●

观看幼儿自主进行自然测量的视频，分析幼儿进行自然测量时需注意的问题，并思考教师如何根据幼儿测量发展特点进行活动设计与组织。

◉ 知识任务 ◉

▶▶ 一、幼儿自然测量教育活动的设计与指导 >>>>>>>

（一）幼儿自然测量教育活动的设计与组织

幼儿只学习了初步的直接计量，计量的工具不是成人常用的标准计量单位，而是以自然物作为量具进行的计量，也就是幼儿数学教育中的自然测量。幼儿的自然测量过程包括两种逻辑活动：一是幼儿知道整体由若干个部分组成；二是逻辑相加，进行易位和替换，即把每次测量的一部分和另一部分连接起来，建立测量单位体系。

幼儿学习自然测量一般要通过教师的演示讲解和在日常生活或游戏、散步等活动中的练习来进行。

1. 教师用讲解演示法，教给幼儿正确测量的方法，让幼儿理解测量的要领

为帮助幼儿学习测量，教师可通过一些不同层次要求的活动来引导幼儿主动学习。例如，测量物体的长度，开始时可以让幼儿在被测量的物体上摆放量具，将量具一个接着一个地摆放在被测量的物体上，摆好后，数一数所有的量具，数出的量具总数就是被测量物体的长度。以后，可让幼儿学习在每一次测量的终点做一个记号，并让幼儿了解，第一次测量的终点是第二次测量的起点。量完后，数一数，一共有几个记号，这个数量也就是被测物体的长度。教师必须强调，第一次测量的终点是第二次测量的起点，并注意中间不能留有空隙，引导幼儿讨论怎样画记号，并从记号处开始下一次测量，以及测量时要从一端开始，并按直线进行测量等。幼儿测量、移位、统计数量等动作协调熟练后，也可不再做记号，模仿成人测量，边测边数、统计数量，不再在测量工具末端画出印记了。

2. 在日常生活或游戏、散步等活动中练习测量

幼儿初步学会自然测量后，教师要注意在日常生活中创造机会让幼儿进行测量。例如，测量小朋友和小娃娃的床的长度并做比较；测量玩具柜的长度和高度；测量门和窗的宽度；用脚步测量房间的长度和宽度；用小绳测量树干或柱子的粗细；玩沙、玩水游戏时测量一下小桶可以装几碗沙、几碗水等。

（二）幼儿自然测量教育活动的指导要点

第一，幼儿开始学习自然测量需教师示范并说明正确测量的要领。需让幼儿懂得对不同的量进行测量应使用不同的测量工具。测量长度可用小棍、脚步、铅笔、木棒、绳子等。测量瓶子的大小（容量）可以用小碗、小杯去量瓶中的沙子或水。

第二，自然测量需引导幼儿初步理解测量单位与测量结果之间的关系。幼儿掌握测量方法后，可提供给他们不同的工具，让他们测量同一物体。例

如，用冰棒棍和筷子测量同一张桌子的长，幼儿测量以后，教师可提问："你们发现了什么？为什么同一张桌子，用冰棒棍和筷子量出的结果会不一样呢？"经过讨论，幼儿了解到，测量的工具大，量的次数就少；测量的工具小，量的次数就多。这一学习经验使幼儿逐步理解了测量单位与测量结果之间的关系。同时引导幼儿理解，要比较两个物体的一个量相等或不相等时，应该用同一种测量工具进行测量，这样才能正确地比较出结果。

▶▶ 二、幼儿时间测量的教育活动的设计与指导 >>>>>>>>

（参看模块四单元一任务三"二、认识时间教育活动的设计与指导"）

● 知识拓展 ●

数字资源 4-2-3：教学活动设计"认识时钟"

● 任务迁移 ●

设计一个组织幼儿进行自然测量的活动方案，并模拟试讲。

● 任务巩固 ●

表 4-2-8 幼儿测量的教育要点回顾

知识与能力要点	掌握程度	学习建议
幼儿自然测量教育活动的设计、组织与指导	☆☆☆☆	理解 识记 运用

● 思考与练习 ●

简述引导幼儿进行自然测量的教学方法与步骤。

模块小结

有关量的教学活动是幼儿数学活动中的一个组成部分，本模块在对量的比较、测量和时间的知识进行简单介绍的基础上，分析了幼儿对量的比较、测量、时间的学习路径，明确了幼儿量的比较、测量和时间的核心经验，有针对性地阐述了其教学活动设计与组织。

本模块内容重难点是有关量的比较、测量和时间的教学活动的设计、组织与指导。要学好本模块知识，首先要理解幼儿量的比较、测量和时间的核心经验与学习路径。其次在活动设计与组织的环节，必须针对不同年龄班幼儿的教学要求，把握教学方法的侧重点，还要对前人的经验进行虚心学习，对以往的成功案例进行深入研究。

通过本模块的学习，学习者能对幼儿量的比较与测量的发展与教育有一个完整与清晰的认识，并能用所学知识开展基本的量的比较与测量的教育教学活动。

学习笔记

教师资格直通车

扫码查看答案

一、单选

1. 下面各种数量关系中，不宜作为小班数学教育内容的是（   ）。

A. 对应关系   B. 守恒关系   C. 大小关系   D. 多少关系

2. "学习不受物体的大小、形状和排列形式的影响，正确判断10个以内物体的数量"这方面内容应安排在（   ）。

A. 小班   B. 中班   C. 大班   D. 各班

3. 在一次数学活动中，教师引导幼儿观察两组物体的数量，并问幼儿"5个扣子和6个扣子能不能变成一样多？怎样让它们的数量变成一样多呢？谁想到办法了？"以上的教学是为了让幼儿体验到两数之间的（   ）。

A. 传递关系   B. 次序关系   C. 数差关系   D. 守恒关系

二、简答

1. 简述中班幼儿认识量的特点。

2. 幼儿认识常见量的一般过程是什么？

三、论述

结合实例说明如何引导幼儿体验量的守恒。

四、材料分析

教师将两个大小一样的杯子注入了等量的水，问幼儿："这两杯水一样多吗？"幼儿回答："一样多。"然后教师将其中一杯水倒入一个又细又长的杯子中，让幼儿仔细观察后回答两杯水是否一样多，有的幼儿回答："不一样多。"有的指着细长的杯子说："这个多。"有的指着原来的杯子说："这个多。"试用所学理论分析这一现象及相应的教育对策。

五、活动设计

按照幼儿数学教育活动设计的要求，设计一个"用目测或自然测量的方法比较物体的长短、高矮"的教学活动。

模块五

幼儿几何形体与空间概念的教育

学习导言

党的十八大以来，学前教育受到了前所未有的支持与重视，近十年来，"幼有所育"的美好愿景正在照进现实，各项改革稳步推进、配套措施不断完善，越来越多的幼儿在阳光下绽放灿烂笑容。

幼儿年龄虽小，但接触的是和成人相同的世界。在这个多姿多彩的世界里，幼儿充满了好奇心和探索欲：轮子为什么是圆的、砖头为什么是方的、为什么白天和夜晚会交替进行……

幼儿通过对形状与空间关系的知识探究，有助于激发直觉意识及对现实世界进行探索的好奇心，主动地探索数学，审视生活和认识世界，逐步形成严谨求实的科学态度。

学习目标

1. 结合幼儿几何形体的教育内容，加强对幼儿进行中华传统文化教育，使幼儿继承和弘扬中华民族优秀的历史文化传统。

2. 结合幼儿空间概念的教育内容，提升创新创造意识理念，增强"四个自信"。

3. 了解幼儿几何形体和空间概念发展的阶段和特点。

4. 理解幼儿几何形体和空间概念的教育要求。

5. 理解并掌握幼儿几何形体和幼儿空间概念教育活动的设计与组织的基本要求，根据教学内容及幼儿的特点设计并组织几何形体、空间概念数学教育活动。

学习任务单

表 5-1　幼儿几何形体与空间概念的教育学习任务单

姓名		班级		学习时间	
序号	任务描述				
1	运用多种方法帮助幼儿在物体与几何形体之间建立联系。				
2	设计活动，丰富幼儿空间方位识别的经验，引导幼儿运用空间方位经验解决问题。				
3	为幼儿提供大量的操作和体验活动，感知图形与空间的关系。				

续表

学习建议		阅读教材并结合已有经验，借助模型与教玩具、科技手段与可视化工具，使幼儿更好地理解形状与空间关系。
任务完成 （可粘贴）		
学习效果简评	评价人	□自己。 □同伴。 □教师。
	评价内容	□能从不同角度查阅资料进行预习，并有自己的理解。 □能从不同角度查阅资料进行预习，但没有加工。 □能从书本中查阅相关内容。 □仅凭个人理解。 □没有预习。

说明：以上3个任务均可以用图片、文字、图表等形式表征学习过程。第3个任务可以是对收集到的优质教学视频的观摩记录，也可以是在幼儿园实地观摩的记录。

单元一　幼儿几何形体的教育

任务一　幼儿几何形体的核心经验

● 任务导览 ●

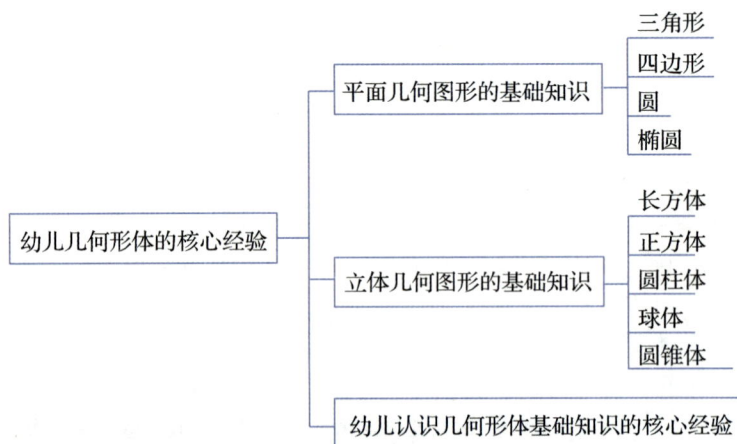

图 5-1-1　幼儿几何形体的核心经验思维导图

● 任务探寻 ●

请完成以下行为的观察记录，并尝试对幼儿的表现进行评价。

表 5-1-1　幼儿平面几何图形学习观察表

观察任务	年龄阶段	观察记录	目标	评价
三角形			3—4 岁 能注意物体较明显的形状特征，并能用自己的语言描述。 4—5 岁 能感知物体的形体结构特征，画出或拼搭出该物体的造型。 能感知和发现常见几何图形的基本特征，并能进行分类。	
四边形				
圆				
椭圆				

表 5-1-2　幼儿立体几何图形学习观察表

观察任务	年龄阶段	观察记录	目标	评价
长方体			5—6 岁 能用常见的几何形体有创意地拼搭和画出物体的造型。	
正方体				
圆柱体				
球体				
圆锥体				

● 知识任务 ●

　　形体是物体的一种空间存在形式，如果我们仅抽取物体的形状、大小而略去物体的其他特征，这样的物体就称为几何形体。它是对客观事物形状的抽象和概括，它来源于物体却高于物体。

　　几何形体包括平面几何图形和立体几何图形（也叫几何体）。对幼儿进行几何形体的教学，是幼儿数学教育的重要内容。几何形体的教育，可以提高和改善幼儿的空间认知能力，为学习数学概念奠定基础，还可以发展幼儿的空间想象能力和解决实际问题的能力。

▶▶ 一、平面几何图形的基础知识 >>>>>>>>

　　平面几何图形是指由不同的线在二维空间中所形成的一个封闭的图形。如圆形、正方形、长方形、三角形等。

（一）三角形

　　平面上，由不在同一直线上的三条线段首尾顺次连接所围成的封闭图形叫作三角形。例如，红领巾、切成三角形的西瓜、三角形的路标、三角形的彩旗等。

　　三角形可以按以下两种方法分类。

　　按角的大小分类：

三角形 ｛ 直角三角形：有一个角是直角。
　　　　　斜三角形 ｛ 锐角三角形：三个角都是锐角。
　　　　　　　　　　钝角三角形：有一个角是钝角。

按边长关系分类：

三角形 { 不等边三角形：任何两边都不相等。
等腰三角形：有两边相等。
等边三角形：三边都相等。

(二)四边形

平面内，由四条线段首尾顺次连接所围成的封闭图形叫作四边形。例如平行四边形、正方形、长方形、菱形、梯形等。

两组对边分别平行的四边形叫作平行四边形。

有一个角是直角的平行四边形叫作长方形，也叫作矩形。

邻边相等的长方形叫作正方形。

邻边相等的平行四边形叫作菱形。

只有一组对边平行的四边形叫作梯形。

(三)圆

平面内，到定点的距离等于常数的点的集合叫作圆。这个定点叫作圆心，这个常数叫作圆的半径。圆心与圆上任意点的连线都是这个圆的半径。圆周上任意两点的连线叫作圆的一条弦，过圆心的弦叫作圆的直径。任意一条弦把圆分成了两个部分，这两个部分都叫作弓形，其中直径把圆分成的两个弓形叫作半圆。圆被两条半径所截得的图形叫作扇形。

(四)椭圆

平面内，到两定点的距离之和等于同一个常数（大于两定点之间距离）的点的集合叫作椭圆。两定点叫作椭圆的焦点。椭圆既是轴对称图形，又是中心对称图形。椭圆有两条对称轴，对称轴被椭圆截得的线段叫作椭圆的轴。这两条轴中，较长的轴叫作椭圆的长轴，较短的轴叫作椭圆的短轴。椭圆的轴有长短轴之分，是椭圆与圆的本质区别。

▶▶ 二、立体几何图形的基础知识 >>>>>>>

立体几何图形是指由不在同一平面的点、线和面所组成的图形，是三维空间的。例如，正方体、长方体、圆柱体、球体、圆锥体等。

常见的简单立体几何图形可分为多面体和旋转体。

多面体可以按面数分为四面体、五面体、六面体等，旋转体有圆柱体、球体、圆锥体等。

(一)长方体

每个面都是矩形的六面体叫作长方体。例如，书本、粉笔盒、箱子等。

(二)正方体

每个面都是正方形的六面体叫作正方体，也叫立方体。例如，魔方、骰子等。

(三)圆柱体

以矩形的一边为旋转轴，其余各边绕旋转轴旋转一周所形成的旋转体叫作圆柱体。如易拉罐、水杯等。

(四)球体

以半圆的直径为旋转轴，半圆绕轴旋转一周所形成的旋转体叫作球体。例如，皮球、乒乓球等。

(五)圆锥体

以直角三角形的一条直角边为轴，直角三角形顺时针或逆时针旋转一周所形成的旋转体叫作圆锥体。

▶▶ 三、幼儿认识几何形体基础知识的核心经验 >>>>>>>>

幼儿认识几何形体基础知识的核心经验如表 5-1-3 所示。

表 5-1-3　幼儿认识几何形体基础知识的核心经验

年龄阶段	小班	中班	大班
核心经验	通过观察周围的物体，辨认出不同的几何形状，如圆形、方形、三角形等。在辨认出物体的形状后，能说出这些形状的名称。	1. 通过触摸和操作不同形状的物体，探索它们的特征，发现它们的相似之处和不同之处，并将它们分类。 2. 通过使用各种材料，如积木、纸张等，制作和建构不同的几何形状，更好地理解几何图形的结构和特征。	通过各种活动，借助拼图、积木等，运用已掌握的对图形的感知和形状的知识进行创意拼搭，将形状的概念运用到实际生活中。

● 知识拓展 ●

数字资源 5-1-1：有趣的七巧板

● 任务迁移 ●

收集你生活中易得的物品，通过这些物品来帮助幼儿认识几何形体，对比发现各种图形的不同点与相似处。

表 5-1-4　生活中的几何形体

物品	操作方法/感官方式	图形的类型	适用年龄
（请粘贴照片）			

● 任务巩固 ●

表 5-1-5　幼儿几何形体的核心经验要点回顾

知识与能力要点	掌握程度	学习建议
幼儿平面几何图形的基础知识	☆☆☆☆☆	理解　识记
幼儿立体几何图形的基础知识	☆☆☆☆☆	理解　识记

● 思考与练习 ●

1. 名词解释：三角形、平行四边形、正方形、长方形、菱形、梯形、圆形、正方体、长方体、球体、圆柱体。

2. 幼儿平面几何图形的教育内容有哪些？请各举一例生活中的物体。

3. 幼儿立体几何图形的教育内容有哪些？请各举一例生活中的物体。

任务二　幼儿几何形体的发展路径

● 任务导览 ●

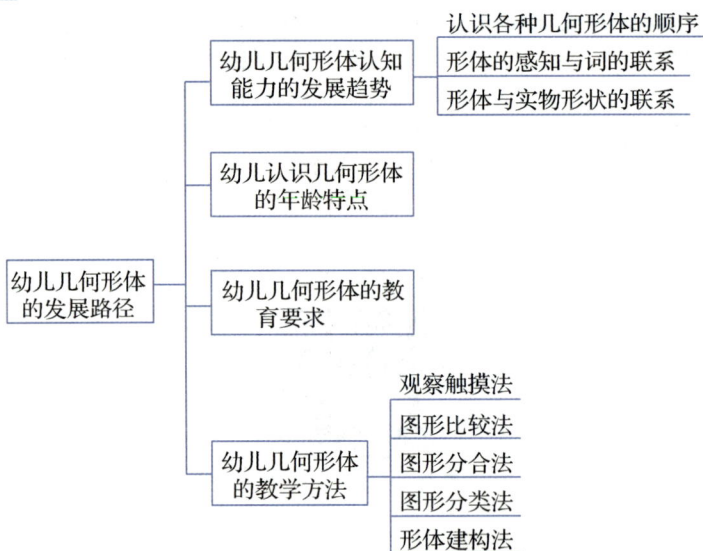

图 5-1-2　幼儿几何形体的发展路径思维导图

● 任务探寻 ●

自由选择3—4岁、4—5岁、5—6岁幼儿，对其在认知和区分常见的几何形体如圆形、方形、三角形、长方形、球体、圆柱体、立方体等方面的表现进行观察记录并评估其发展等级。

表 5-1-6　幼儿认识几何形体的表现及评估

年龄	行为描述	评估等级	参照标准
小班			0级：幼儿无法识别或理解几何形状的特性，无法进行形状的辨认或描述。 1级：幼儿能够初步感知形状的外观，能够进行简单的形状辨认，但无法准确描述形状的特性。 2级：幼儿能够较为准确地描述形状的特性，如边、角等，能够进行较为复杂的形状辨认。 3级：幼儿能够完整地把握形状的特性，能够注意到形状的细节，并能够进行形状的组合和分解。 4级：幼儿能够通过触觉、视觉等多重感知方式细致地感知形状的特性，并能够进行形状的创新和应用。
中班			
大班			

● 知识任务 ●

由于数学科学本身具有抽象性、逻辑性、精确性和应用性，同时，幼儿具有独特的身心发展特点，因此幼儿在几何形体方面的发展表现出一定的规律。

▶▶ 一、幼儿几何形体认知能力的发展趋势 >>>>>>>

（一）认识各种几何形体的顺序

先认识平面几何图形，后认识立体几何图形。

认识平面几何图形的顺序：圆形、正方形、三角形、长方形、半圆形、椭圆形和梯形等。

认识立体几何图形的顺序：球体、正方体、圆柱体、长方体和圆锥体等。

以上的认识顺序主要与幼儿的生活经验有关，对日常生活中经常接触到的形体幼儿认识得较早。此外，与形体本身的复杂程度也有关系。

（二）形体的感知与词的联系

认识几何形体的特征，一般经过以下过程：配对—指认—命名。

1. 配对

幼儿可以找出与给定的范例图形相同的图形，这完全可以依据直观感知进行操作。即使不知道该图形的名称，仍可以通过对图形的直接感知来进行正确配对。这是一种感性经验的积累，也是认识几何图形的基础。

2. 指认

按成人口述图形的名称，找出（指出）相应的图形。这时形状知觉要与词汇建立起联系，要依据说出的词（形体的名称）而不是直观图形找到相应的形体。

3. 命名

说出给定图形的名称。它是在将图形感知与相应词汇建立联系的基础上，用正确的词汇来标识图形，标志着初步认识图形过程的完成。

（三）形体与实物形状的联系

1. 几何形体与实物等同

这一阶段，幼儿是将几何形体理解为玩具或物体，并按照他们所熟悉的物体的名称命名几何形体。例如，把圆形叫作"太阳""皮球"等；把正方形叫作"手绢"等；把圆柱体叫作"茶杯""管子"等。这种将几何形体和物体相混淆的现象，实际上反映了幼儿尚未完全认识有关形体，还没有达到正确指认和为有关形体命名的水平。

2. 几何形体与实物比较

这一阶段，幼儿已不再把图形与物体等同起来，而只是比较它们。例如，圆形像盘子，三角形像小旗等。这种比较性的称呼是在幼儿正确认识和掌握了几何形体名称的基础上发展起来的，而且是从物体出发对照实物形状做出比较的结果。

3. 几何形体作为区分物体形状的标准

这一阶段，幼儿是从客观物体出发，以几何形体为标准，确定物体的形状。幼儿能将几何形体作为标准，按照它们的特征来区分或者选择物体。例如，说盘子、碟子是圆形的；皮球、弹珠是球等。这时在幼儿头脑中，几何形体与实物之间建立起了既有区别又有密切联系的灵活关系，他们能将有关形体的知识运用到实际生活中去。

▶▶ 二、幼儿认识几何形体的年龄特点 >>>>>>>

（一）小班

1. 对平面几何图形具有较好的配对能力。

2. 对圆形、正方形、三角形达到正确认识的水平，但不是从形状的特征上来认识，而是与现实生活中熟悉的物体相对应。

（二）中班

1. 能正确认识长方形、半圆形、椭圆形、梯形。

2. 能理解平面几何图形的基本特征。

3. 能对相似的平面几何图形进行比较，找出相同与不同。

4. 能理解图形守恒，能做到不受大小、颜色和位置的影响，正确辨认和命名图形。

5. 能理解平面几何图形之间的简单关系，能理解分、合、拆、拼的转换方法。

6. 对使用平面几何图形拼搭表现出积极性和创造性。

（三）大班

1. 进一步理解图形之间的关系。

2. 能认识一些基本的立体几何图形，会命名并能正确认识其特征。

▶▶ 三、幼儿几何形体的教育要求 >>>>>>>>

图形的学习意味着幼儿能够对二维或三维的图形进行识别、命名、建构、比较和区分，并对其进行分类和组合。幼儿很早就开始接触各种几何图形，他们通过多种活动和材料，如积木、黏土、折纸、几何拼板、画画、计算机游戏等来学习和表征几何形状。但对教育而言，教学应该循序渐进。

（一）小班

1. 根据实物或图形标记对圆形、正方形、三角形进行匹配或归类。

2. 对圆形、正方形、三角形达到正确认识的水平，但不是从形状的特征上来认识，而是与现实生活中熟悉的物体相对应。

3. 通过比较发现圆形、正方形、三角形的基本特征，能正确命名。

4. 能不受颜色和大小的干扰，对圆形、正方形、三角形进行分类。

（二）中班

1. 能正确认识长方形、半圆形、椭圆形、菱形、梯形。

2. 能发现长方形、半圆形、椭圆形、菱形、梯形的基本特征，能正确命名，并能从周围环境中发现多种平面几何图形。

3. 能对相似的平面几何图形进行比较，找出相同与不同，如长方形与正方形，圆形与椭圆形，在操作比较中感知其中的联系。

4. 有图形守恒概念，能做到不受大小、颜色和位置的影响，正确辨认和命名图形。

5. 能初步理解平面几何图形之间的简单关系，能理解分、合、拆、拼的转换，如一个正方形可以分为两个长方形和四个小正方形，并能运用图形按要求或自由拼摆。

（三）大班

1. 能区分平面几何图形和立体几何图形。

2. 能指认球体、正方体、圆柱体、长方体，并能根据立体几何图形的特征进行分类或排列。

3. 能认识一些基本的立体几何图形，如球体、正方体、圆柱体、长方体，可以命名和认识特征。

4. 进一步体验并理解图形之间较为复杂的关系，这种复杂关系一方面指可以运用图形进行拼摆，另一方面指可以抽象出图形的特征。

四、幼儿几何形体的教学方法 >>>>>>>>

(一)观察触摸法

在现实生活中，单纯的平面几何图形是没有的。因此，在幼儿开始认知平面几何图形时，应选用幼儿熟悉的、与平面几何图形尽可能相似的物体让幼儿观察、抚摸，运用多种感官进行感知，丰富他们的感性经验，引导他们注意物体表面的轮廓。引导幼儿充分地观察比较、触摸感知立体几何图形，并在这个过程中启发幼儿认识立体几何图形的特征。例如，认识球体，先发给每个幼儿一个球体物，如皮球、乒乓球、玻璃球等，请他们自由观察、触摸和摆放，并思考它们是什么样子的，摸上去有什么感觉，再放在桌子上看看它会怎样，它叫什么名字等，然后组织幼儿共同讨论，使幼儿认识到，球体无论从哪一个方向看都是圆的，放在平面上能向任意方向滚动。

(二)图形比较法

在平面几何图形中，有的图形比较接近，并且图形之间具有一定的关系，因此在进行平面几何图形教学时，应加强图形之间的对比，让幼儿在比较中发现图形之间的关系及各种图形的本质特征。这种方法可以帮助幼儿通过视觉和触觉的方式更好地理解和记忆图形，提高他们对图形的识别能力。

幼儿学习立体几何图形时，可以将所学立体几何图形与相应的平面几何图形做对比，也可以将立体几何图形相互做对比。立体几何图形与平面几何图形的区别在于立体几何图形有长短、宽窄和高低，平面几何图形只有长短和宽窄。将平面几何图形与相应的立体几何图形比较既加深了幼儿对平面几何图形的认识，又突出了立体几何图形的特征，可以帮助幼儿克服平面几何图形与立体几何图形混淆的现象。因此，认识立体几何图形时，应与相应的平面几何图形进行比较。还可以利用多种物体让幼儿指出不同立体几何图形的长、宽、高，反复进行练习，以求加深对相关知识的理解。

将立体几何图形与立体几何图形作比较也是认识立体几何图形的一种有效方法。它能突出不同立体几何图形的异同，使幼儿在原有立体几何图形知识的基础上获得新的知识。例如，认识长方体，可以运用已经认识的正方体与长方体(两个对称的侧面与正方体的面等大)作比较，使幼儿认识到长方体和正方体都有 6 个面，都有长、宽、高，但是正方体的 6 个面是一样大的正方形，长方体有 4 个面是长方形，还有两个面可以是长方形，也可以是正方形。

(三)图形分合法

图形分合法是指将一个图形分割成若干个部分，然后再将这些部分合并成原来的图形。例如，正方形或长方形都可以分解成两个同样大小的三角形，这两个三角形合起来又成为原来的图形，因此在进行平面几何图形教学时，应进行图形的分合训练，让幼儿在分合中发现图形之间的关系以及各种图形的基本特征。

(四)图形分类法

图形分类法是一种将图形按照其特征和属性进行分类的方法。教师可以设计各种游戏，让幼儿把各种物体或图形进行分类操作，这可以让幼儿进一步巩固对平面几何图形特征的认识，增强解决实际问题的能力。

引导幼儿认识几何体时可给幼儿各种立体几何图形，让他们按一定的规则进行排序，加深对几何体的认识。

例如，三角形可以根据角的类型如锐角三角形、直角三角形、钝角三角形、等腰三角形等来分类和排序。四边形可以根据边的长度和角的大小如正方形、长方形、菱形、平行四边形、梯形、矩形、不规则四边形等来分类和排序。

(五)形体建构法

形体建构法是幼儿认识图形的一种方法，它通过将图形分解为基本的形体元素，让幼儿通过观察和比较这些形体元素的特征来认识图形。各种各样的积木都是较为标准的立体几何图形，教师可以利用这些立体几何图形，让幼儿按照自己的构思，根据各种立体几何图形的形状和特征，选择适宜的积木摆放在相应的位置上，搭建各种建筑物。这样不仅加深幼儿对立体几何图形的认识，同时，也让幼儿学习了拼搭的技能。形体建构法可以帮助幼儿系统地认识各种图形，培养幼儿的观察力和比较能力。同时，通过形体建构法，幼儿可以逐步认识到图形的基本特征和规律，为后续的几何学习打下基础。

● 知识拓展 ●

数字资源 5-1-2：有趣的几何体

● 任务迁移 ●

选择 3—6 岁的幼儿若干名，观察其对各种几何形体进行学习的表现，并进行记录，增进对幼儿几何形体的学习特点和规律的认识。

表 5-1-7 　　　　　班幼儿观察记录表

幼儿姓名		观察人	
观察时间		观察地点	

学习笔记

观察目的	
观察方法	
观察实录	
分析说明	
发展支持	

● 任务巩固 ●

表 5-1-8　幼儿几何形体的发展路径要点回顾

知识与能力要点	掌握程度	学习建议
幼儿几何形体认知能力的发展趋势	☆☆☆☆☆	理解　识记
幼儿认识几何形体的年龄特点	☆☆☆☆☆	理解　识记
幼儿几何形体的教育要求	☆☆☆☆☆	理解
幼儿几何形体的教学方法	☆☆☆	理解　运用

● 思考与练习 ●

1. 幼儿认识几何形体的顺序是什么？

2. 不同年龄班幼儿几何形体的教育要求有哪些？

任务三　幼儿几何形体的教育

● 任务导览 ●

```
                                                         设计与组织
                      幼儿平面几何图形教育活动的设计与指导
                                                         指导要点
幼儿几何形体的教育
                                                         设计与组织
                      幼儿立体几何图形教育活动的设计与指导
                                                         指导要点
```

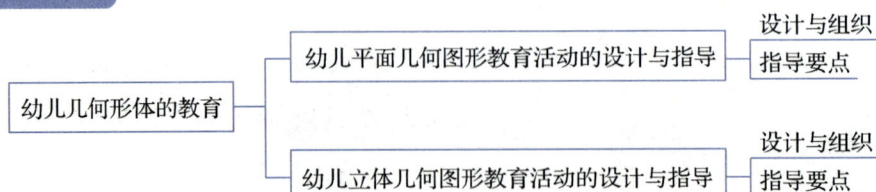

图 5-1-3　幼儿几何形体的教育思维导图

• 任务探寻 •

阅读以下两个活动设计，请判断其属于哪一种数学教学活动，尝试分析此类活动设计具有怎样的特点？

表 5-1-9 "认识三角形"教学活动设计❶

活动名称	认识三角形。
活动对象	小班幼儿。
活动目标	1. 乐于表达自己的观察和发现。 2. 认识三角形的主要特征，即三角形有三条边、三个角。 3. 能找出生活中是三角形或类似三角形的物体。
活动准备	1. 幼儿经验的准备。 认识圆形，认识类似三角形的物体。 2. 活动材料的准备。 教具包括画有类似三角形和圆形的物体的图片若干、三角形图片（一张）。 学具包括一次性筷子、彩色三角形纸张、固体胶在内的操作材料（人手一份）。
活动过程	1. 分一分，请幼儿将图片上的物体按形状进行分类。 (1)教师出示图片，请幼儿观察，看看上面有什么。 (2)请幼儿分类：将外形相同的物体放在一起。 2. 说一说，引导幼儿发现三角形的主要特征。 (1)教师将三角形物体的图片展示出来，请幼儿观察。 (2)教师提问：你们仔细看看，这些物体有相同的地方吗？相同的地方是什么？ (3)师幼共同小结：这些物体都有边和尖尖的角。 3. 数一数，帮助幼儿认识三角形的主要特征。 (1)请幼儿数一数三角形的边。 (2)请幼儿数一数三角形的角。 (3)师幼共同小结：有三条边和三个角，这样的形状叫三角形。 4. 找一找，请幼儿为三角形妈妈找小三角形宝宝。 (1)让幼儿找图片中的三角形，加深对三角形特征的认识。 (2)请幼儿在生活中寻找是三角形或类似三角形的物体。 5. 做一做，巩固幼儿对三角形的认识。 请幼儿根据教师介绍的方法和提供的材料，制作一面三角形的彩旗。

表 5-1-10 "多变的七巧板"教学活动设计❷

活动名称	多变的七巧板。
活动对象	大班幼儿。
活动目标	1. 体验用七巧板拼图带来的快乐。 2. 了解七巧板的结构，学习七巧板拼图的游戏规则，模仿、尝试用七巧板拼图。 3. 能大胆想象用七巧板拼出不同的造型。

---

❶ 活动设计：武汉市洪山区街道口幼儿园韩元香。

❷ 活动设计：武汉市洪山区街道口幼儿园韩元香。

活动准备	1. 幼儿经验的准备。 幼儿已经认识了组成七巧板的所有几何图形，有拼图经验。 2. 活动材料的准备。 教具包括同样大小的七巧板两副，各种用七巧板组成的造型，以及七巧板拼图案例若干（用画板或 PPT 呈现）。 学具为七巧板（人手一副）。
活动过程	1. 认识七巧板。 (1)出示一张七巧板的组合造型图片，激发幼儿对认识七巧板的兴趣。 (2)请幼儿观察七巧板每一块的形状、大小。 (3)教师强调这七个小图形团结起来本领大，它们可以有很多变化形式。 (4)师幼共同小结七巧板的组成：七巧板是由七块板组成的，包含不同的形状、大小和颜色。 2. 请幼儿自由尝试，了解七巧板的构成。 (1)教师提出要求：将七巧板的七块板子全部用上，进行自由组合。 (2)鼓励幼儿发挥想象力，用七巧板进行自由组合。 (3)请幼儿与同伴分享自己所拼的图案。 3. 教师逐一示范两个不同图案(鸭和兔)的拼图过程，让幼儿感知形状发生了变化，但总面积大小不变。 (1)教师比较两副同样大小的七巧板，让幼儿知道：它们和"变"之前是一样大的。 (2)教师逐一演示七巧板的两个不同拼图(鸭和兔)，让幼儿欣赏并思考七巧板"变"的过程，了解这些拼图是怎样拼成的。 (3)幼儿模仿拼出这两个图案，体验拼图的乐趣。 (4)教师演示，将七巧板"还原"，让幼儿感知面积守恒。 (5)师幼共同小结七巧板的组合要求：在用七巧板拼图时，七块板子都要用到。七块板之间可以角边相接，也可以边边相接，但相互间不能重叠。这样可以变出各种各样的造型(动物、建筑、生活用品等)。 4. 教师引导幼儿在组合和还原七巧板的过程中，亲自感知面积守恒。 5. 教师出示一些七巧板的拼图图案，请幼儿模仿拼图。 (1)教师出示七巧板的各种拼图造型。 (2)讨论所拼造型像什么。 (3)教师引导幼儿根据范图，进行七巧板模仿拼图。 6. 教师鼓励幼儿大胆想象，用七巧板拼出不同的图案。 (1)教师提出要求：自己用七巧板进行拼图，要有新意，尽量不要和他人的相同。 (2)鼓励幼儿大胆想象，用七巧板进行自由拼图。 (3)请幼儿与同伴分享自己玩七巧板的独特体验。

● 知识任务 ●

▶▶ 一、幼儿平面几何图形教育活动的设计与指导 >>>>>>>>

(一)幼儿平面几何图形教育活动的设计与组织

1. 在观察、触摸感知物体轮廓的基础上认识平面几何图形

幼儿认识平面几何图形时要综合运用各种感官来感知。对平面几何图形的学习，首先要让幼儿感知平面几何图形，在充分感知的基础上教师再非正式地介绍平面几何图形的名称，使幼儿对图形的认识建立在丰富的感性经验的基础上，而不仅仅是知道图形的名称。为此，教师要引导幼儿用观察、触

摸的方法去感知图形，最开始让幼儿认识平面几何图形时，应尽量用幼儿熟悉的物体，让幼儿从实物中感知平面几何图形，然后再用标准图形让幼儿反复、充分地观察与触摸，在获得清晰的体验的基础上，再让幼儿描述自己触摸图形后的感受，归纳图形特点，并说出名称。

　　例如，在教小班幼儿认识正方形时，可以先为幼儿提供若干正方形的盖子、装光盘的方形盒子等，让幼儿用手触摸这些正方形物体的面和边缘，完整地感知正方形，并引导幼儿用语言表达触摸物体的感受：面是平平的，边是直直的，还有四个尖尖的角。然后教师给出正方形的名称。再为幼儿提供正方形的纸，让幼儿在感知了正方形物体的基础上感知标准的正方形，并再次说出正方形的特点：面是平平的，边是直直的，还有四个尖尖的角。这样有助于幼儿在丰富的感性经验的基础上建立起对正方形的初步认识，当幼儿说出"正方形"这个词时，头脑中会浮现出正方形物体的丰富表象及显著特征，而不仅仅是一个空洞的词语。

　　2. 运用比较的方法感知平面几何图形的特征

　　某些平面几何图形具有某些共同的特征或相似的特征，幼儿容易混淆，如正方形与长方形。因此，在幼儿已经认识了某些图形，并进而认识与它相似的图形时，应采用比较的方法，通过新旧图形的对比，在比较中发现不同点，感知图形的特征。例如，在认识长方形时，可以把长方形和已经认识的正方形做比较。选用长方形的宽与正方形的边长一样长的两种图形，用重叠的方法，将正方形一边与长方形的宽重合，叠放在长方形上，这样幼儿就可以清楚地感知到长方形有两条相对的边是比较长的，另外两条相对的边是比较短的，这是长方形的主要特征，而正方形的 4 条边是一样长的。这时，再让幼儿比较长方形与正方形的相同点：都有 4 条边，都有 4 个一样大的角。比较正方形与长方形的不同点：正方形的 4 条边都一样长；长方形有两条边长、两条边短，长边和长边一样长，短边和短边一样长。这样，运用比较的方法帮助幼儿建立了新旧知识的联系，让他们清晰地看到正方形与长方形的异同点，也建立起了对于长方形基本特征的正确认识。

　　3. 提供变式图形，巩固对图形特征的认识

　　在让幼儿初步感知和区分平面几何图形的基础上，还必须出示图形的多种变式，帮助幼儿巩固和加深对平面几何图形的认识。例如，幼儿在认识三角形后，教师应该出示不同类型(如锐角三角形、直角三角形、钝角三角形等)，不同大小，不同颜色以及不同摆放角度的三角形，这样就可以避免幼儿在辨别三角形时受一些与三角形特征无关的因素的影响，从而正确辨认三角形。

4. 提供大量动手操作活动，巩固对平面几何图形的认识

当幼儿进行各种操作活动时，要注重引导幼儿对自己的活动进行思考，同时用语言描述思考的过程，这样才能加深幼儿对图形特征的理解，否则，操作就会流于形式，无益于幼儿对图形特征的认识。

（1）涂色

给幼儿提供画有各种几何图形的纸，让幼儿按要求进行涂色。例如，给不同形状的图形涂上不同的颜色，或只给其中一种图形涂色。为了增加趣味性，提供给幼儿的画有各种平面几何图形的纸，可以进行适当的设计，比如当幼儿涂上某种颜色后，画面会显示出一个小动物的图案。涂色活动有助于幼儿进一步感知图形的轮廓特征。

（2）寻找

引导幼儿在周围环境中寻找与学过的平面几何图形相似的物体。这可以使幼儿对平面几何图形的认识又从抽象概括的图形回到具体的物体上，扩大了幼儿的视野，丰富了幼儿对平面几何图形的认识，发展了幼儿的观察力、想象力和逆向思维能力。例如，先让幼儿在教室里寻找，看看一些东西是什么形状的，如碗口、身上的纽扣是圆形的，毛巾、活动室的门是长方形的。然后把幼儿引向更大的空间，如整个幼儿园、家里或其他地方，让幼儿想一想其中什么东西是什么形状的。这类活动的难度较大，教师可以事先布置观察任务，如"请小朋友们回家找找看，家里的哪些东西是正方形的，明天来告诉老师和其他小朋友"等。此外，也可以要求幼儿按教师说出的形体的名称，在活动室中找出相似的形体，或在事先准备好的图形中找出相同的图形。

（3）拼图

教师可以给幼儿提供各种平面几何图形，让幼儿拼搭成自己喜欢的图案。例如，教师提供正方形、长方形、三角形、圆形、平行四边形、梯形等平面几何图形材料，让幼儿拼摆粘贴成各种图案，或者提供七巧板，鼓励幼儿用七巧板拼搭各种图案，再将其还原。还可以提供简单的形状轮廓图，让幼儿用几何形状卡片等材料拼搭出和轮廓图案相同的造型。

（4）分割与拼合

对图形进行分割与拼合不仅有助于幼儿了解图形之间的关系、整体与部分的关系，而且能培养幼儿思维的灵活性。例如，给幼儿提供一张长方形的纸，让幼儿将长方形折叠成两个三角形，或折叠成几个长方形，或折叠出一个正方形和一个长方形等，再让幼儿将折叠出的图形剪开，然后再将剪开的图形拼合成原来的图形或拼出其他的图形。

（5）在其他教育内容中渗透，巩固对平面几何图形的认识

第一，在日常生活中，巩固对平面几何图形的认识。

以生活为素材，将幼儿已经掌握的平面几何图形知识与其日常生活相联系，让幼儿从小就不断地感受到数学在生活中的应用。例如，在幼儿点心或午餐时间，让幼儿感知饼干是圆形或长方形的；在散步活动中，让幼儿在周围的环境中找一找哪些物体是什么形状等。

第二，在其他数学活动中，巩固对平面几何图形的认识。

例如，在分类活动中，提供给幼儿不同形状、不同颜色、不同大小的平面几何图形，让幼儿按图形的形状和大小进行分类，或按形状和颜色进行分类，在分类活动中加深幼儿对平面几何图形特征的认识。再如，在计数活动中，出示一个由各种图形拼成的图案，让幼儿数一数每种图形有几个，这种数形结合的方式既避免了单纯数数时的枯燥，又可以巩固幼儿对图形的认识。

第三，在体育活动中巩固对平面几何图形的认识。

在体育活动中，图形概念经常会出现，如走方队形、圆队形，玩皮球、乒乓球，在体操垫或平衡板上做活动等。

第四，在绘画、手工等活动中巩固对平面几何图形的认识。

在绘画和手工活动中，幼儿经常会接触到各种图形，如画一个小圆形做小鸡的脑袋，再画一个大圆形做小鸡的身体，小圆形前面画一个小三角形做小鸡的嘴巴，等等。再如，让幼儿拿出一张长方形纸，利用长方形纸折出一个正方形，再把这个正方形对折得到两个重叠的三角形，等等。这个过程可以帮助幼儿巩固对所学图形的认识。

(二)幼儿平面几何图形教育活动的指导要点

第一，必须要在幼儿充分感知平面几何图形的轮廓后，再让幼儿去感知平面几何图形的特征，获得对平面几何图形特征的认识。

第二，要注重变式图形的使用，避免让幼儿形成不良的思维定势。

第三，动手操作是幼儿认识平面几何图形的基础，要给幼儿提供充分的动手操作的时间和空间。

第四，要注重沟通数学与生活的联系，使幼儿从小就关注并了解数学在生活中的应用。

第五，要注意加强平面几何图形与其他领域教学活动的联系，通过领域间及领域内的融合，巩固幼儿对平面几何图形的认识。

二、幼儿立体几何图形教育活动的设计与指导 >>>>>>>>

(一)幼儿立体几何图形教育活动的设计与组织

1. 在观察、触摸感知实物轮廓的基础上认识立体几何图形

大班幼儿也是通过各种分析器的综合感知来认识几何形体的。因此，应该让幼儿充分地观察比较、触摸感知相应立体几何图形的实物，并在此过程中启发幼儿认识立体几何图形的特征。例如，认识球体时，先发给幼儿每人

一个球状物，可以用大小不同的球类，如皮球、乒乓球、玻璃弹珠等，请他们自由观察、触摸、摆放和滚动，并思考"它是什么样子的？摸上去有什么感觉？它叫什么名字？摆放或滚动时会发生什么情况？"然后组织幼儿共同讨论，使幼儿认识到，球体无论从哪一个方向上看都是圆的，放在平面上能向任何方向滚动。

2. 运用比较的方法感知立体几何图形的特征

一些平面几何图形和立体几何图形有某些共同的特征或相似的地方，很容易造成幼儿认知上的混淆，如圆与球体、正方形与正方体、长方形与长方体等，因此，在认识球体、正方体、长方体时可与已经认识的平面几何图形进行比较。例如，圆形和球体是幼儿容易混淆的两个概念，由于受到生活经验的影响，幼儿往往将球体称为圆，因此在认识球体时，可以出示幼儿已经认识的圆形，让幼儿进行比较，这样既加深了幼儿对平面几何图形的认识，又突出了立体几何图形的特征，可以帮助幼儿正确区分平面几何图形与立体几何图形。再如，教幼儿认识正方体，可以用一块正方体积木和一张与该正方体的面等大的正方形纸做比较，让幼儿知道正方形是一个面，它有长和宽而正方体有6个一样大的面，它除了有长和宽之外还有高，并让幼儿用手指沿着正方形的长和宽，以及正方体的长、宽、高三条棱运动，感知正方体与正方形的区别。

还可以将几种形状类似的立体几何图形进行比较，如正方体与长方体做比较，球体与圆柱体做比较，让幼儿在原有几何形体知识的基础上获得新的知识。

对类型相同但大小不同的几何形体进行比较，可以帮助幼儿巩固对概念的理解。例如，大小不同的圆柱、长方体、球体等。

3. 提供大量动手操作活动，加深对立体几何图形特征的认识

动手操作是幼儿认识图形特征的重要手段，与认识平面几何图形一样，当幼儿对立体几何图形有了初步的认识之后，教师必须提供各种操作活动，让幼儿在活动中进一步感知形体。

（1）搭建

可以给幼儿提供各种积木、小纸盒等立体材料，让他们进行搭建游戏，让幼儿自己创造或模仿他人的造型进行搭建，或者提供简单的形状轮廓图，让幼儿使用积木或其他几何形体等材料搭建出和轮廓图中图案相同的造型，在搭建的过程中，幼儿会逐步加深对立体几何图形及其特征的认识。

（2）粘贴

对纸张的裁剪、粘贴，可以使幼儿进一步感知立体几何图形的特征。

（3）摸物

让幼儿用触觉去辨认几何形体，有助于提高幼儿对立体几何图形特征的感知，帮助幼儿更好地建立起立体几何图形的表象。

(二)幼儿立体几何图形教育活动的指导要点

第一，必须在幼儿充分感知立体几何图形的轮廓后，再让幼儿去感知立体几何图形的特征，获得对立体几何图形特征的认知。

第二，要注重运用比较的方法，帮助幼儿澄清对平面几何图形与立体几何图形的认识。

第三，动手操作是幼儿认识立体几何图形的基础，要给幼儿提供充分的动手操作的时间、空间和材料。

◉ 知识拓展 ◉

数字资源 5-1-3：教学活动
设计"图形宝宝大变身"

数字资源 5-1-4：教学活动
设计"认识长方体"

数字资源 5-1-5：教学活动
设计"认识圆柱体"

◉ 任务迁移 ◉

设计一个幼儿认识平面几何图形的教育活动方案。

◉ 任务巩固 ◉

表 5-1-11 幼儿几何形体的教育要点回顾

知识与能力要点	掌握程度	学习建议
认识平面几何图形教育活动的设计与指导	☆☆☆☆	理解 运用
认识立体几何图形教育活动的设计与指导	☆☆☆☆	理解 运用

◉ 思考与练习 ◉

设计一个幼儿认识立体几何图形的教育活动方案。

单元二 幼儿空间概念的教育

任务一 幼儿空间概念的核心经验

◉ 任务导览 ◉

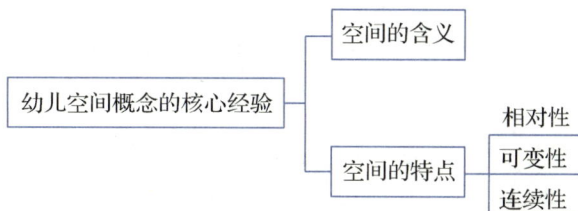

图 5-2-1 幼儿空间概念的核心经验思维导图

学习笔记

● 任务探寻 ●

请观察幼儿的行为，对幼儿感知空间关系的行为进行记录，并尝试对幼儿的表现进行评价。

表 5-2-1 _____ 班幼儿观察记录表

幼儿姓名		观察人	
观察时间		观察地点	
观察实录			
评　价			
幼儿发展标准	3—4 岁能感知物体基本的空间位置与方位，理解上下、前后、里外等方位词。 4—5 岁能使用上下、前后、里外等方位词描述物体的位置和运动方向。 5—6 岁能辨别自己的左右。		

● 知识任务 ●

▶▶ 一、空间的含义 >>>>>>>>

空间是物质存在的一种客观形式。任何物质都存在于一定的空间之中，并且和周围的其他物体存在着空间上的相互位置关系，也就是空间方位关系，一般用上下、前后、左右等词语表示。空间方位关系是数学的研究对象之一。

狭义的空间概念，即空间方位概念，是指对客观物体的相互位置关系的认识。广义的空间概念，还包括对各种空间变换关系的认识（如辨识物体在空间中的移位、翻转或旋转变换），甚至包括对大小和形状的认识。

我们这里讨论的幼儿空间概念教育，主要指狭义的空间概念，即引导幼儿对空间方位进行辨别。空间方位的辨别，就是对客观物体在空间中所处位置关系的判断。它是由多种感觉器（尤其是视觉和触觉）协同作用完成的。

对于幼儿来讲，空间概念主要是感知以自身或客体为中心的上下、前后、里外、左右、远近及东西南北，以及按指定方向做动作。

▶▶ 二、空间的特点 >>>>>>>>

空间方位概念具有相对性、可变性和连续性的特点。

（一）相对性

我们在描述物体的空间方位时，总是要和一定的参照物联系在一起。例如，"我在老师的后面""我在黑板的前面"。参照物不同，就会得出完全不同的判断。

物体的空间方位不是一个绝对的特征，而必须相对某个参照物而言。我们不能像描述物体的颜色、质地一样描述它的空间位置，而必须以一定的参照物为标准，这就是空间方位概念的相对性特点。

（二）可变性

物体的空间方位具有可变性。当参照物的方位发生变化时，该物体的方位也会随之发生变化。比如，原来甲站在乙的前面，如果乙向前移动了自己的位置，甲就可能变成在乙的旁边或者后面了。再如，即使乙不移动位置，只要他掉转方向，甲就会变成在乙的后面或侧面。所以，一个物体的空间方位是会随着参照物的位置或朝向的改变而改变的，这就是空间方位概念的可变性。

（三）连续性

物体位置的改变或参照物位置的改变，都会导致物体的空间方位的变化。但这种改变是连续的，而不是突变的。比如，在乙从甲的后面从左侧移动到甲的前面的过程中，它们之间的空间方位关系也存在着一个连续的变化过程：原先乙在甲的后面，然后逐渐变成了乙在甲的左后面、左面、左前面、前面。这其中，空间方位的变化是渐进的、连续的，并没有明确的界限。这实际上反映了空间方位概念的连续性特点。即空间方位往往不是就某一个点而言，而是指向一个区域。相邻区域之间的界限是模糊的，无法截然分开。

● 知识拓展 ●

数字资源 5-2-1：辨别方向有技巧——认识东西南北

● 任务迁移 ●

寻找生活中与空间方位有关的物品与图片，通过这些物品与图片来帮助幼儿感知空间，加深对空间的认识，使幼儿随时随地理解自身所处的空间。

● 任务巩固 ●

表 5-2-2　幼儿空间概念的核心经验要点回顾

知识与能力要点	掌握程度	学习建议
空间的含义	☆☆☆	理解、识记
空间的特点	☆☆☆☆☆	理解、识记

● 思考与练习 ●

1．名词解释：空间方位。

2．空间的特点有哪些？

3．请列举一些表示空间概念的词语。

任务二　幼儿空间概念的发展路径

⊙ 任务导览 ⊙

```
                                    ┌─ 幼儿空间概念的教育要求
                                    │
                                    │                    ┌─ 自身寻找法
    幼儿空间概念的发展路径 ──────────┤                    │
                                    │                    │─ 体育游戏法
                                    └─ 幼儿空间概念的教学方法 ─┤
                                                         │─ 环境寻找法
                                                         │
                                                         └─ 观察讨论法
```

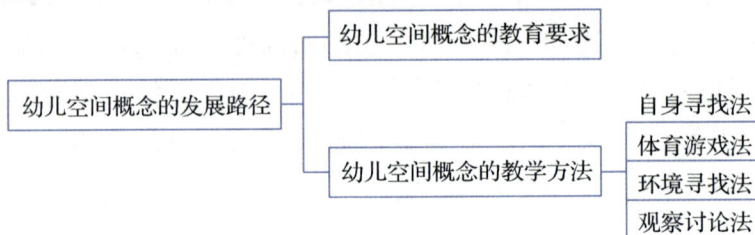

图 5-2-2　幼儿空间概念的发展路径思维导图

⊙ 任务探寻 ⊙

　　自由选择 3—4 岁、4—5 岁、5—6 岁幼儿，观察其在辨别空间方面的表现，对照"知识任务"中"幼儿空间概念的教育要求"，对幼儿行为进行记录和评价。

表 5-2-3　幼儿辨别空间的行为表现及评价

年龄	行为描述	评价

⊙ 知识任务 ⊙

▶▶ 一、幼儿空间概念的教育要求 >>>>>>>>

　　(一)小班

　　1. 能区分并说出以自身为中心的上、下、前、后方位，能按指定方位做动作。

　　2. 辨别和说出以自身为中心的物体方位和以客体为中心的上、下方位。

　　3. 能认识并说出近处物体的上、下方位。

　　(二)中班

　　1. 能区分并说出以客体为中心的上下、前后、里外等方位。

　　2. 能按指令做出上下、前后、内外等方位动作，初步理解方位的相对性。

　　(三)大班

　　1. 能从自身出发，区别并说出左、右。

　　2. 知道上下、前后、左右方位是可以变换的，学会向左、右运动。

　　3. 在日常生活中，正确运用左、右等方位词汇。

4. 对左上、左下、右上、右下等复合方位有一定理解，初步感知东、南、西、北的方位。

二、幼儿空间概念的教学方法 >>>>>>>>

（一）自身寻找法

在教学中，应当充分利用幼儿的身体，并提供机会让幼儿移动物体或做相应的身体动作，以积累关于空间方位的经验。例如，可以让幼儿按照教师的指令朝某个方向运动——向前走、向后走、向左转、向右转等，还可以让幼儿把某物体放到某物体的"上面"，或者请幼儿到自己的"左边"选一个自己喜欢的玩具等。

（二）体育游戏法

在体育活动中，可以让幼儿做各种运动的同时渗透空间方位的教学。教师还可以组织幼儿玩和空间方位有关的游戏，如"寻宝"游戏，先让幼儿把"宝物"藏起来，同时说出它在什么位置，再让别的幼儿去寻找。

（三）环境寻找法

我们在日常生活中随时随地都会用到空间关系——了解位置、方向和距离等。比如，幼儿在上下楼梯时就会知道上下，走路、排队时就会知道前后，吃饭拿筷子、写字握笔就要区分左右。还有，放置日常用具、搭积木、钻大型玩具，都离不开对空间关系的认识。因此，幼儿的空间经验是完全生活化、游戏化和趣味化的。教师也应该注重利用幼儿实际生活的情境，在日常生活中教幼儿认识空间。

（四）观察讨论法

幼儿对空间概念的理解根本上还在于他们对物体之间关系的主动探索，这是他们努力克服"自我中心"并学习从别人的立场思考问题的结果。在教学中，教师要鼓励幼儿的探索行为，包括鼓励幼儿仔细观察并描述物体之间的空间关系，鼓励他们大胆预测：如果改变参照物体，可能会有什么样的空间关系。当幼儿发现不同的结果时，教师要善于引导，让幼儿进行讨论，帮助幼儿意识到冲突的存在，甚至可以让幼儿扮演不同的角色，去亲身体验由于观察者位置的不同，所观察到的空间关系也可能是不同的。这对于帮助幼儿克服并摆脱以自我为中心判别空间方位，最终做到以客体为中心判别空间方位是非常重要的。

● 知识拓展 ●

数字资源 5-2-2：认识日食月食

● 任务迁移 ●

通过参与多种活动，在不同的情境中运用所学的空间知识和技能，同时将空间概念应用到实际生活中去，从而引导幼儿更好地理解和掌握空间概念。

表 5-2-4　空间概念的实际应用

认识空间	让幼儿了解空间的概念和基本原理，例如，空间关系、空间变换、空间想象力等。这些任务可以包括制作模型、设计图纸、解决简单的空间问题等。
分辨形状	在不同的任务中，让幼儿分辨不同的形状。例如，将圆形、正方形、三角形等形状与不同的物品或图形相对应。
分辨方向	在不同的情境中，让幼儿分辨不同的方向。例如，在迷宫中向左或向右走，或者让他们分辨自己的前后左右。
分辨位置	在不同的场景中，让幼儿分辨物品或人物的位置。例如，在一幅地图上指出不同的位置，或者让他们根据简单的指令找到物品的位置。
分辨大小和距离	在不同的情境中，让幼儿分辨不同大小或距离的物品或图形。例如，让他们比较两个不同大小的球的大小，或者让他们估计两个物体之间的距离。

● 任务巩固 ●

表 5-2-5　幼儿空间概念的发展路径要点回顾

知识与能力要点	掌握程度	学习建议
幼儿空间概念的教育要求	☆☆☆☆☆	理解、识记、运用
幼儿空间概念的教育方法	☆☆☆☆☆	理解、识记、运用

● 思考与练习 ●

1. 不同年龄班幼儿几何形体的教育要求有哪些？

2. 判断幼儿认识空间方位时是否已可以做到以客体为中心，克服了以自我为中心。

任务三　幼儿空间概念的教育

● 任务导览 ●

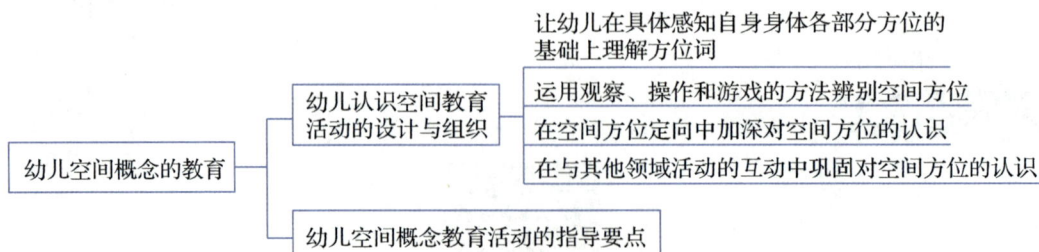

图 5-2-3　幼儿空间概念的教育思维导图

• 任务探寻 •

　　阅读以下两个活动设计，请判断其属于哪一类空间概念教学活动，尝试分析此类活动设计具有怎样的特点？

表 5-2-6　"区分上下"教学活动设计 ❶

活动名称	区分上下。
活动对象	小班幼儿。
活动目标	1. 学习以自身为中心区分上下，能正确运用方位词进行表述。 2. 提高比较观察的能力，愿意大胆表达自己对方位的判断。 3. 积极参加活动，关注周围的方位问题。
活动准备	在楼梯前集合。
活动过程	1. 指一指，说一说 教师请幼儿指一指、说一说自己身体上面有什么？身体下面有什么？鼻子上面有什么？鼻子下面有什么？…… 2. 游戏"看谁指得快又对" 教师发出方位口令，如鼻子上面、脖子下面等，幼儿快速指出相应方位，并说出所指部位的名称。 3. 游戏"登楼梯" 指导语：我们来玩登楼梯游戏。教师说"开始"才能登楼梯，一说"停"，要马上停下来。 游戏开始，当幼儿停下来后，请幼儿说说自己的上面有谁，自己的下面又有谁。

表 5-2-7　"认识左右"教学活动设计 ❷

活动名称	认识左右。
活动对象	大班幼儿。
活动目标	1. 乐于探索物体间的空间位置关系。 2. 学习以客体为中心区分左右，了解"左右"的相对性。 3. 有一定的空间方位感，能比较准确地说出物体所在的左右方位。
活动准备	1. 幼儿经验的准备。 幼儿会以自身为中心区分左右。 2. 活动材料的准备。 教具包括小彩旗（一面）。 学具包括即时贴小红花、小玩具若干，布娃娃（每组一个）。
活动过程	1. 利用儿歌，引出学习内容。 (1)教师提出要求，边念儿歌边做相应的动作。 (2)教师带领幼儿边念儿歌边做相应的动作。 儿歌："前前前，后后后；上上上，下下下；左左左，右右右；咕噜咕噜咕噜咕噜，嘿嘿嘿！" 2. 找好朋友。 请幼儿在自己的身体上，找出一左一右的好朋友。（复习以自身为中心区分左右） (1)请幼儿用左手指挠挠右手心，再用右手指挠挠左手心。

❶　活动设计：长沙师范高等专科学校周利文。
❷　活动设计：武汉市洪山区街道口幼儿园韩元香。

活动过程	(2)教师提问：我们身上，还有哪些地方和左右手一样，也是一对好朋友？ (3)请幼儿自由发言，说出自己身上一左一右的好朋友。 (4)师幼共同小结：我们身上，有很多地方有左右之分，如左肩、右肩，左眼、右眼，左脚、右脚，左耳朵、右耳朵…… 3. 学习以客体为中心区分左右。 (1)教师背对幼儿，带领幼儿一起举起右手，并在各自的右手臂上贴上小红花做标记。引导幼儿观察教师的右手和自己的右手是不是在同一边？ (2)教师转身，与幼儿面对面，请幼儿仔细观察，看看教师的右手和自己的左手所在方位是不是在同一边。 (3)教师反复转身并高举右手，请幼儿观察教师的左右变化。 (4)师幼共同小结：当我们面朝同一方向时，彼此左、右方位相同；当我们面对面时，彼此左、右方位是相反的。 4. 在操作体验活动中，帮助幼儿加深了解"左右"的位置关系。 (1)摆一摆：每组摆放一个布娃娃，请幼儿按教师要求摆放玩具。比如，摆在娃娃的左边或右边等。 (2)找一找：请幼儿两两结对，按教师要求指出朋友相应的部位。比如，指出朋友的左耳朵或摸右手等。 5. 请幼儿说一说，教室里物体间的位置关系。 6. 通过游戏"转身再看"，体验左右关系的相对性。 (1)教师介绍游戏玩法及要求：请全体幼儿面朝一个方向站立，教师把小彩旗插在幼儿一侧(左边或右边)，引导幼儿说出小彩旗是在左边或右边。教师发出指令"向后转"，听到指令后，幼儿集体转身，教师再引导幼儿观察小彩旗与自己的左右位置关系。 (2)教师带领幼儿游戏，及时帮助指导幼儿区分左右。 (3)师幼共同小结：当我们向后转身后，物体与我们的左右关系也发生了变化，左右位置关系交换了。
活动延伸	1. 在户外活动中，组织幼儿开展"跳房子"游戏，练习向左、向右跳。 2. 请家长利用家中摆放的物品引导幼儿区分左右。

⊙ 知识任务 ⊙

▶▶ 一、幼儿认识空间教育活动的设计与组织 〉〉〉〉〉〉〉〉

幼儿空间概念的教育是指依据幼儿空间概念的认知发展趋势及年龄特点，让幼儿感知空间方位关系，并能以自身或客体为中心指出物体的空间位置，以及物体与物体之间的相对方位。

（一）让幼儿在具体感知自身身体各部分方位的基础上理解方位词

感知自身身体各部分方位是幼儿辨别空间的基础与前提，因此在教学中要充分调动幼儿的亲身体验，让幼儿在直接感知自己身体有关部分的基础上，配合适当的方位词的描述，逐步理解方位词的含义，建立有关空间方位的概念。

例如，在认识上、下方位时，先让幼儿摇摇头、跺跺脚，感知自己身体的上面有什么，下面有什么。摸摸自己鼻子的上面有什么，鼻子的下面有什么。然后问幼儿头在身体的什么地方，脚在身体的什么地方，眼睛在鼻子的什么地方，嘴在鼻子的什么地方，等等。并让幼儿不断用"上面""下面"等方位词进行描述，帮助幼儿理解方位词的含义。

认识前、后时，首先让幼儿具体感知自己头的前面有眼睛、鼻子、嘴巴等，头的后面有头发，然后再让幼儿用"前面""后面"的方位词来进行描述，帮助幼儿理解前后的方位。

认识左、右时，让幼儿伸出拿筷子、勺子的手，再伸出吃饭时扶碗、写字时扶纸的手，然后告诉幼儿拿筷子、勺子的手是右手，吃饭时扶碗、写字时扶纸的手是左手❶，接着再让幼儿感知自己身体其他部位的左右方位。

(二)运用观察、操作和游戏的方法辨别空间方位

在幼儿感知自己身体各部分方位、理解方位词的基础上，要进一步引导幼儿以自身为中心辨别自己与物体的空间方位关系，以及以客体为中心辨别物体与物体的空间方位关系。教师可通过创设日常生活情境或游戏情境，运用观察、操作、游戏等方法，帮助幼儿感知、认识和区分空间方位。

1. 以自己身体为中心辨别自己与物体的空间方位关系

让幼儿在自然环境(如活动室)中进行观察，说说自己的上面有什么(有灯、电风扇等)，下面有什么(有地板、地毯等)，前面有什么(有桌子、老师、电视机等)，后面有什么(有凳子、小朋友等)，左边有什么(有柜子、窗户等)，右边有什么(有娃娃家等)，等等。也可以让幼儿按照要求进行相应的操作活动，如让幼儿将帽子戴在自己的头上，将布娃娃放在自己的右边，笔放在自己的前面，将手环戴在自己的右手上等。还可以进行一些游戏活动，如做相反游戏——教师说右手，幼儿举左手，等等。此外，还可以组织幼儿去公园时，引导幼儿认识头上的蓝天、白云，认识脚下的石头、土地、马路等。

2. 以客体为中心辨别物体与物体的空间方位关系

由于客体的前后、左右与幼儿自身的前后、左右不完全相同，所以以客体为中心的空间方位辨认对幼儿来说是一个难点，在教学中首先要让幼儿明确客体的上下、前后、左右是如何规定的。

以客体为中心辨别上下时，一般是以客体为界辨别上下方位，如桌子上面有盒子，盒子上面有玩具，如果以桌子为中心，那么盒子与玩具在桌子的上面，如果以盒子为中心，那么玩具在盒子的上面，桌子在盒子的下面。

以客体为中心辨别前后时，如果客体是人和小动物，人和动物脸的方向是前面，背的方向是后面。如果客体是物体，如柜子、电视机等，柜子的门的方向、电视机屏幕的方向是前面，物体背面的方向是后面。

以客体为中心辨别左右时，当客体与幼儿在同一方向时，幼儿的左右方

---

❶ 以右利手为例。

向就是客体的左右方向。当客体与幼儿面对面时，如果客体是人和小动物，人和小动物的左右方向与幼儿左右的方向相反，幼儿在辨别时需要自己转向，与客体同向后再进行辨别。

在幼儿明确客体的上下、前后、左右是如何规定后，可以让幼儿在自然环境（如活动室）中进行观察，说说桌子的上面有什么，桌子的下面有什么等。也可以让一个小朋友站在黑板与桌子之间，让其他的幼儿说说这个小朋友的前面有什么，后面有什么，再让这个小朋友转个身，再让其他的幼儿说说此时这个小朋友的前面有什么，后面有什么。还可以设计一些操作活动，如让幼儿分别将玩具放在椅子的上面、玩具柜的前面、老师的右边等，或者教师可以事先将玩具分别放在不同的地方，然后让幼儿去寻找，找到后用方位词说出是在什么地方找到的。也可以组织一些游戏活动，如捉迷藏，让幼儿在找到同伴的同时说一说是在哪里找到的。

（三）在空间方位定向中加深对空间方位的认识

1. 借助语言描述进行的空间方位定向

在幼儿对空间方位和方位词有一定的认识后，可以让幼儿做一些空间方位定向活动，以加深幼儿对方位词的认识。例如，让幼儿向前走、向后走、向左转、向右转，向下蹲、向上跳，让三个幼儿站成一排，其中一个幼儿在另两个幼儿的中间。还可以让幼儿从活动室里向活动室外面走，或者是从活动室的外面向活动室里面走等。

2. 将图片中的物体与实际情境中的物体建立联系进一步理解空间方位

教学中要有意识地培养幼儿将图片中的物体与实际情境中的物体建立联系的能力。可以用游戏的方式引导幼儿辨别物体照片拍摄的角度，提供从不同的角度拍摄的幼儿熟悉的建筑物的图片，让幼儿找一找，这些照片是站在什么地方拍的，或者组织照片与实物匹配的游戏，如出示3种小动物玩偶，以及从不同角度拍摄的玩偶的照片5—6张，请幼儿尝试将照片和相应的方位进行匹配，也可以在生活和游戏中帮助幼儿根据简单平面几何图形找出物体的相应位置，如把"宝藏"藏在房间或者院子里的某个地方，然后让幼儿根据图上的提示去寻找"宝藏"。

（四）在与其他领域活动的互动中巩固对空间方位的认识

1. 语言活动

在语言活动中设计"我们来说故事"的活动，将幼儿已经认识的空间方位与故事的内容结合起来，在幼儿说故事的过程中巩固对空间方位的认识，如教师可以利用玩具（或图片）创设故事情境、编故事："在一片草地的中间，有一棵好大好大的树，树上有两只小鸟在飞，树下有一只小猫在睡觉，在小猫的左边有两只小狗在玩耍。"教师讲完后，可以让幼儿复述故事，然后再让幼儿自己创设故事情境并编故事。

2. 体育活动

体育活动是发展幼儿方位感的有效途径，在体育活动中可以设计一些与空间方位有关的活动，让幼儿亲身体验自己在空间中的方位，以及自己与其他人或事物的相对位置关系。例如，可以用桌子、长条凳、大纸箱（剪去两个相对的面，幼儿可以从中穿过）等，将它们设计成环形的，让幼儿根据教师的指令活动，如让三个幼儿排成一列，小红站在中间，小丽站在小红的前面，小明站在小红的后面，3个人依次从第一张桌子的下面爬过，接着从第二张桌子的左边走过，然后从纸箱的中间穿过，最后站在长条凳的上面。

3. 日常生活

空间方位与幼儿的日常生活密切联系，在幼儿日常生活中进行空间方位教育的机会非常多，如在幼儿寻找或整理玩具、学习用品时，可以让幼儿说说物品是在哪里找到的、可以把它放在哪里。这种练习不仅有助于发展幼儿以客体为中心辨别方位的能力，而且有助于幼儿良好生活习惯的养成以及语言表达能力的提高，帮助幼儿更好地与人交往。

▶▶ 二、幼儿空间概念教育活动的指导要点 >>>>>>>>

第一，对空间方位的认知必须遵循以下的顺序进行：感知自身身体各部分方位—以自身为中心辨别自己与物体的空间方位关系—以客体为中心辨别物体与物体间的空间方位。这种顺序是不能随意调换的。

第二，要充分利用观察、操作和游戏等方法帮助幼儿感知空间方位。

第三，"将图片中的物体与实际情境中的物体建立联系"这一部分内容是空间方位教学中的一个难点，活动中提供给幼儿的图片和实际情境应该是幼儿所熟悉的。

● 知识拓展 ●

数字资源5-2-3：教学活动
设计"夹夹子"

数字资源5-2-4：幼儿认识
空间小游戏

数字资源5-2-5：教学活动
设计"认识地图"

● 任务迁移 ●

设计一个组织幼儿认识空间方位的活动方案。

● 任务巩固 ●

表 5-2-8　幼儿空间概念的教育要点回顾

知识与能力要点	掌握程度	学习建议
幼儿认识空间教育活动的设计与组织	☆☆☆☆	理解　运用　掌握
幼儿空间概念教育活动的指导要点	☆☆☆☆	理解　运用　掌握

● 思考与练习 ●

设计一个幼儿认知空间方位的教学活动方案。

模块小结

　　幼儿形状与空间关系的教育是幼儿园数学教育中的重要内容之一。通过形状与空间关系的教育，可以帮助幼儿发展空间感知能力、形状识别能力和空间思维能力，为他们数学思维的形成和几何学习打下基础。

　　幼儿在形状与空间关系的教育中，通过观察、感知和实践来认识不同的形状和空间关系。教师通过创设情境，运用多种教具和材料来帮助幼儿学习，通过引导幼儿的实际操作来加深其对形状和空间关系的理解，引发幼儿的思考。

　　幼儿对形状以及空间关系的感知能力不是教师教会的，而是幼儿在游戏中，在与环境、同伴、教师的互动中，通过大量操作活动获得的。单一的纸笔练习并不能有效促进幼儿形状以及空间关系感知能力的发展。教师要认真观察，分析幼儿的发展水平，根据《指南》的要求以及幼儿对形状与空间关系的学习路径，为幼儿提供适宜的材料，组织适宜的活动，给予适宜的指导。

　　总之，幼儿形状与空间关系的教育是一项重要的教育内容，教师要运用给幼儿提供感知经验、实际操作材料、创设情境等方法，有效地促进幼儿形状识别能力、空间感知能力和空间思维能力的发展。

教师资格直通车

一、单选

1. 处于3—4岁的幼儿，在几何形体的认知方面的特点是（　　）。

A. 认识长方形、正方形

B. 能对平面几何图形进行配对

C. 对相似的平面几何图形进行比较，找出不同与相同

D. 形成图形守恒，不受大小、颜色和位置的影响

2. 在认识"三角形"活动中，教师使用不同颜色、大小的三角形，并用不同方式摆放，其目的在于（　　）。

A. 对图形进行比较　　　　　　　B. 渗透图形守恒的教育

扫码查看答案

C. 让幼儿感知图形之间的关系　　D. 激发幼儿学习数学的兴趣

3. 几何形体是对客观物体形状的（　　）。

A. 分析与比较　　B. 抽象与概括　　C. 归纳与综合　　D. 描述与反映

4. 在下列四种平面几何图形中，幼儿最容易认识的是（　　）。

A. 圆形　　　　　　B. 三角形　　　　　C. 梯形　　　　　D. 长方形

5. 下列属于小班幼儿认识几何形体教育要求的是（　　）。

A. 认识圆形、正方形、三角形，正确说出图形的名称

B. 初步感知图形之间的简单关系

C. 学习区分平面几何图形和立体几何图形

D. 学习不受颜色、大小和摆放位置的影响，正确辨认图形

6. 把一个正方形分割为两个三角形，将分割出的三角形合起来又成为一个正方形，这可以让幼儿感知到（　　）。

A. 一一对应的关系　　　　　　B. 传递关系

C. 整体和部分的关系　　　　　D. 序列关系

7. 关于5岁幼儿掌握空间方位阐述正确的是（　　）。

A. 开始以他人为中心辨别左右　　B. 开始以自身为中心辨别左右

C. 开始以他人为中心辨别前后　　D. 开始以自身为中心辨别前后

8. 幼儿辨别空间方位的难易顺序是（　　）。

A. 先左右，再前后，最后认识上下

B. 先前后，再上下，最后认识左右

C. 先前后，再左右，最后认识上下

D. 先上下，再前后，最后认识左右

9. 幼儿能以自身为中心判断左右，却不能以客体为中心判断左右，这主要是受（　　）。

A. 动作能力发展的局限　　　　B. 语言能力发展的局限

C. 想象能力发展的局限　　　　D. 思维能力发展的局限

10. 幼儿空间概念发展的特点是（　　）。

A. 从相对的空间概念逐步过渡到绝对的空间概念

B. 从以自我为中心的参照逐渐过渡到以客体为中心的参照

C. 进行空间定位时，幼儿最初是以视觉估计物体之间的空间

D. 幼儿对空间方位关系的辨别与他的思维能力无关

二、简答

1. 简述幼儿认识各种几何形体的顺序。

2. 简述中班幼儿几何形体的教育要求。

3. 简述幼儿空间概念发展的总体趋势。

4. 简述大班幼儿空间概念发展的年龄特点。

三、论述

1. 举例说明幼儿可以运用哪些操作办法认识几何形体。

2. 请简述如何引导幼儿在其他领域互动中巩固对空间方位的认识。

四、材料分析

1. 教师在组织大班数学活动"认识球体"时，先发给幼儿每人一个球状物，如皮球、乒乓球、玻璃弹珠等大小不同的球类，请他们自由观察、触摸、摆放和滚动，使幼儿获得对球体的初步感受，进而认识球体的特征。

材料中教师采用了哪种方法组织幼儿认识球体？幼儿立体几何图形教育活动的指导要点有哪些？

2. 幼儿园教师在教小朋友跳舞时会面对幼儿站立，做与幼儿同方向的动作示范，即镜面示范。例如，让幼儿举右手，教师会面向幼儿站立，举起左手。请用幼儿空间概念发展的相关知识回答，幼儿园教师为什么要进行镜面示范？

五、活动设计

1. 设计一个帮助幼儿认识图形守恒的教学活动方案。

2. 设计一个帮助幼儿认识空间方位的教学活动方案。

参考文献

1. 林泳海，徐宝良. 学前儿童数学教育[M]. 2版. 北京：北京师范大学出版社，2021.

2. 张俊. 幼儿园数学领域教育精要——关键经验与活动指导[M]. 北京：教育科学出版社，2021.

3. 李桂云，李升伟. 蒙台梭利婴幼儿教育实操教程[M]. 北京：北京师范大学出版社，2017.

4. 黄瑾，田方. 学前儿童数学学习与发展核心经验[M]. 南京：南京师范大学出版社，2015.

5. 周欣. 儿童数概念的早期发展[M]. 上海：华东师范大学出版社，2004.

6. 李莉，郑晓博. 高瞻课程中的评价[J]. 早期教育（教师版），2010(Z1).

7. 秦雪梅. 高瞻课程中学前儿童评价系统的特点及启示[J]. 教育导刊（下半月），2021(10).

8. 沈正兰. 美国学前教育高瞻课程研究[D]. 福州：福建师范大学，2017.

9. 胡昆. 大班幼儿数运算核心经验生长的支持策略研究[D]. 成都：成都大学，2021.